西方心理学大师经典译丛
主编 郭本禹

Otto Rank

心理学与灵魂

Psychology and the Soul

[奥]奥托·兰克 著

郑玉荣 殷宏伟 译

中国人民大学出版社
·北京·

图书在版编目（CIP）数据

心理学与灵魂／（奥地利）奥托·兰克（Otto Rank）著；郑玉荣，殷宏伟译．－－北京：中国人民大学出版社，2020.3
（西方心理学大师经典译丛）
ISBN 978-7-300-27972-5

Ⅰ.①心… Ⅱ.①奥… ②郑… ③殷… Ⅲ.①灵魂－研究 Ⅳ.①B921

中国版本图书馆 CIP 数据核字（2020）第 028937 号

西方心理学大师经典译丛
主编 郭本禹
心理学与灵魂
［奥］奥托·兰克 著
郑玉荣 殷宏伟 译
Xinlixue yu Linghun

出版发行	中国人民大学出版社		
社　　址	北京中关村大街31号	邮政编码	100080
电　　话	010-62511242（总编室）	010-62511770（质管部）	
	010-82501766（邮购部）	010-62514148（门市部）	
	010-62515195（发行公司）	010-62515275（盗版举报）	
网　　址	http://www.crup.com.cn		
经　　销	新华书店		
印　　刷	涿州市星河印刷有限公司		
规　　格	155 mm×230 mm 16开本	版　次	2020年3月第1版
印　　张	13.5 插页3	印　次	2021年3月第2次印刷
字　　数	148 000	定　价	48.00元

版权所有　侵权必究　印装差错　负责调换

总译序
感悟大师无穷魅力　品味经典隽永意蕴

美国心理学家查普林与克拉威克在其名著《心理学的体系和理论》中开宗明义地写道："科学的历史是男女科学家及其思想、贡献的故事和留给后世的记录。"这句话明确地指出了推动科学发展的两大动力源头：大师与经典。

一

何谓"大师"？大师乃是"有巨大成就而为人所宗仰的学者"①。大师能够担当大师范、大导师的角色，大师总是导时代之潮流、开风气之先河、奠学科之始基、创一派之学说，大师必须具有伟大的创造、伟大的主张、伟大的思想乃至伟大的情怀。同时，作为卓越的大家，他们的成就和命运通常都与其时代相互激荡。

作为心理学大师还须具备两个特质。首先，心理学大师是"心理世界"的立法者。心理学大师之所以成为大师，在于他们对心理现象背后规律的系统思考与科学论证。诚然，人类是理性的存在，是具有思维能力的高等动物，千百年来无论是习以为常的简单生理心理现象，还是诡谲多变的复杂社会心理现象，都会引

---

① 辞海. 缩印本. 上海：上海辞书出版社，2002：275.

发一般大众的思考。但心理学大师与一般人不同，他们的思考关涉到心理现象背后深层次的、普遍性的与高度抽象的规律。这些思考成果或试图揭示出寓于自然与社会情境中的心理现象的本质内涵与发生方式；或企图诠释某一心理现象对人类自身发展与未来命运的意义和影响；抑或旨在剥离出心理现象背后的特殊运作机制，并将其有意识地推广应用到日常生活的方方面面。他们把普通人对心理现象的认识与反思进行提炼和升华，形成高度凝练且具有内在逻辑联系的思想体系。因此，他们的真知灼见和理论观点，不仅深深地影响了心理科学发展的命运，而且更是影响到人类对自身的认识。当然，心理学大师的思考又是具有独特性与创造性的。大师在面对各种复杂心理现象时，他们的脑海里肯定存在"某种东西"。他们显然不能在心智"白板"状态下去观察或发现心理现象背后蕴藏的规律。我们不得不承认，所谓的心理学规律其实就是心理学大师作为观察主体而"建构"的结果。比如，对于同一种心理现象，心理学大师们往往会做出不同的甚至截然相反的解释与论证。这绝不是纯粹认识论与方法论的分歧，而是对心灵本体论的承诺与信仰的不同，是他们所理解的心理世界本质的不同。我们在此借用康德的名言"人的理性为自然立法"，同样，心理学大师是用理性为心理世界立法。

其次，心理学大师是"在世之在"的思想家。在许多人看来，心理学大师可能是冷傲、孤僻、神秘、不合流俗、远离尘世的代名词，他们仿佛背负着真理的十字架，与现实格格不入，不食人间烟火。的确，大师们志趣不俗，能够在一定程度上超脱日常柴米油盐的束缚，远离俗世功名利禄的诱惑，在以宏伟博大的人文情怀与永不枯竭的精神力量投身于实现古希腊德尔菲神庙上"认识你自己"之伟大箴言的同时,也凸显出其不拘一格的真性情、真风骨与真人格。大凡心理学大师,其身心往往有过独特的经历和感受,使之处于一种特别的精神状态之中,由此而产生的灵感和顿悟,往往成为其心理学理论与实践的源头活水。然而,心理学大师毕竟不是超人,也不是神人。他们无不成长于特定历史的社会与文化背景之下,生活在人群之中,并感受着平常人的喜怒哀乐,体验着人间的世态炎凉。他们中的大多数人或许就像牛顿描绘的那般:"我不知道世上的人对我怎样评价。我却这样认为:我好像是在海上玩耍,时而发现了一个光滑的石子儿,时而发现一个美丽的贝壳而为之高兴的孩子。尽管如此,那真理的海洋还神秘地展现在我们面前。"因此,心理学大师虽然是一群在日常生活中特立独行的思想家,但套用哲学家海德格尔的话,他们依旧都是"活生生"的"在世之在"。

二

那么,又何谓"经典"呢?经典乃指古今中外各个知识领域中"最重要的、有指导作用的权威著作"[1]。经典是具有原创性和典范性的经久不衰的传世之作,是经过历史筛选出来的最有价值性、最具代表性和最富完美性的作品。经典通常经历了时间的考验,超越了时代的界限,具有永恒的魅力,其价值历久而弥新。对经典的传承,是一个民族、一种文化、一门学科长盛不衰、继往开来之根本,是其推陈出新、开拓创新之源头。只有在经典的引领下,一个民族、一种文化、一门学科才能焕发出无限活力,不断发展壮大。

---

[1] 辞海. 缩印本. 上海:上海辞书出版社,2002:852.

心理学经典在学术性与思想性上还应具有如下三个特征。首先，从本体特征上看，心理学经典是原创性文本与独特性阐释的结合。经典通过个人独特的世界观和不可重复的创造，凸显出深厚的文化积淀和理论内涵，提出一些心理与行为的根本性问题。它们与特定历史时期鲜活的时代感以及当下意识交融在一起，富有原创性和持久的震撼力，从而形成重要的思想文化传统。同时，心理学经典是心理学大师与他们所阐释的文本之间互动的产物。其次，从存在形态上看，心理学经典具有开放性、超越性和多元性的特征。经典作为心理学大师的精神个体和学术原创世界的结晶，诉诸心理学大师主体性的发挥，是公众话语与个人言说、理性与感性、意识与无意识相结合的产物。最后，从价值定位上看，心理学经典一定是某个心理学流派、分支学科或研究取向的象征符号。诸如冯特之于实验心理学，布伦塔诺之于意动心理学，弗洛伊德之于精神分析，杜威之于机能主义，华生之于行为主义，苛勒之于格式塔心理学，马斯洛之于人本主义，桑代克之于教育心理学，乔姆斯基之于语言心理学，奥尔波特之于人格心理学，吉布森之于生态心理学，等等，他们的经典作品都远远超越了其个人意义，上升成为一个学派、分支或取向，甚至是整个心理科学的共同经典。

三

　　这套"西方心理学大师经典译丛"遵循如下选书原则：第一，选择每位心理学大师的原创之作；第二，选择每位心理学大师的奠基、成熟或最具代表性之作；第三，选择在心理学史上产生过重要影响的一派、一说、一家之作；第四，兼顾选择心理学大师的理论研究和应用研究之作。我们策划这套"西方心理学大师经典译丛",旨在推动学科自身发展和促进个人成长。

1879年,冯特在德国莱比锡大学创立了世界上第一个心理学实验室,标志着心理学成为一门独立的学科。在此后的一百多年中,心理学得到迅速发展和广泛传播。我国心理学从西方移植而来,这种移植过程延续已达百年之久①,至今仍未结束。尽管我国心理学近年取得了长足发展,但一个不争的事实是,我国心理学在总体上还是西方取向的,尚未取得突破性的创新成果,还不能解决社会发展中遇到的重大问题,还未形成系统化的中国本土心理学体系。我国心理学在这个方面远没有赶上苏联心理学,苏联心理学家曾创建了不同于西方国家的心理学体系,至今仍有一定的影响。我国心理学的发展究竟何去何从?如何结合中国文化推进心理学本土化的进程?又该如何进行具体研究?当然,这些问题的解决绝非一朝一夕能够做到。但我们可以重读西方心理学大师们的经典作品,以强化我国心理学研究的理论自觉。"他山之石,可以攻玉。"大师们的经典作品都是对一个时代学科成果的系统总结,是创立思想学派或提出理论学说的扛鼎之作,我们可以从中汲取大师们的学术智慧和创新精神,做到冯友兰先生所说的,在"照着讲"的基础上"接着讲"。

心理学是研究人自身的科学,可以提供帮助人们合理调节身心的科学知识。在日常生活中,即使最坚强的人也会遇到难以解决的心理问题。用存在主义的话来说,我们每个人都存在本体论焦虑。"我是谁,我从哪里来,我将向何处去?"这一哈姆雷特式的命题无时无刻不在困扰着人们。特别是在社会飞速发展的今天,

---

① 在20世纪五六十年代,我国心理学曾一度移植苏联心理学。

生活节奏日益加快,新的人生观与价值观不断涌现,各种压力和冲突持续而严重地撞击着人们脆弱的心灵,人们比以往任何时候都更迫切地需要心理学知识。可幸的是,心理学大师们在其经典著作中直接或间接地给出了对这些生存困境的回答。古人云:"读万卷书,行万里路。"通过对话大师与解读经典,我们可以参悟大师们的人生智慧,激扬自己的思绪,逐步找寻到自我的人生价值。这套"西方心理学大师经典译丛"可以让我们获得两方面的心理成长:一是调适性成长,即学会如何正确看待周围世界,悦纳自己,化解情绪冲突,减轻沉重的心理负荷,实现内心世界的和谐;二是发展性成长,即能够客观认识自己的能力和特长,确立明确的生活目标,发挥主动性和创造性,快乐而有效地学习、工作和生活。

我们相信,通过阅读大师经典,广大读者能够与心理学大师进行亲密接触和直接对话,体验大师的心路历程,领会大师的创新精神,与大师的成长并肩同行!

郭本禹

2013 年 7 月 30 日

于南京师范大学

推荐序
被遗忘的兰克

我们大多数人知道奥地利的精神病医生、精神分析学家——西格蒙德·弗洛伊德（Sigmund Freud）这个大名鼎鼎的人物。

大概也会知道他有两个后来与之决裂的得意门生——阿尔弗雷德·阿德勒（Alfred Adler）和卡尔·荣格（Carl Jung），前者提出"自卑与超越"，后者提出"集体无意识"，他们的学说对精神分析理论影响很大，尽管他们不愿把自己的流派归为精神分析学——一个叫个体心理学，一个叫分析心理学。有时，他俩甚至不太承认自己是这位老师的学生，因为他们在与弗洛伊德相识之前，就算是当地比较有名的执业医生了。

但是，奥托·兰克（Otto Rank）和他俩不一样。在遇到弗洛伊德之前，兰克只是一名普通车间工人。是的，他毕业于一所中等职业技术学校。

当然，他们仨也有着共同点，那就是，他们都曾是弗氏的得意弟子或同道，但后来都抛弃弗氏而去。

说起来，兰克与弗洛伊德也有些不一样，否则，他可能就不会离弗氏而去了。我们可以这样说，如果弗洛伊德是"一位带有艺术家气质的科学家"，那么，兰克就是"一位对科学感兴趣的艺术家"。个人认为，比起科学家，大概艺术家更能理解人类的存在。

兰克对于人类存在的艺术性理解，部分可以归功于他的自学成才。1884年,兰克出生于维也纳的一个犹太家庭,其家境贫寒,无论在经济、文化还是情感方面,兰克都没有得到足够的营养。1898年,由于其哥哥保罗已经读了大学预科,于是,初中毕业后的兰克,唯一的选择就是进入技术学校。

在技术学校,兰克很不开心,心情郁闷,甚至考虑过自杀。

但那时,哥哥保罗经常能弄到剧院演出的学生票,并带兰克去皇家剧院看戏剧。看了几场戏剧之后,兰克突然对文化开了窍,几乎成了剧院的常客。在技校的最后一年,兰克对剧院的狂热减少了些,却转而对书籍充满了热情。

20岁的兰克,技校毕业,进入车间当了一名钳工,但他很不喜欢这份工作。你知道,他喜欢的是戏剧、音乐以及哲学。在接触弗洛伊德之前,他非常热爱叔本华、易卜生和尼采这些作家。到这里,我要告诉你,兰克其实并不姓兰克(Rank),他祖辈的姓氏是罗森菲尔德(Rosenfeld)。兰克一姓来自易卜生《玩偶之家》中的兰克医生——一位热情却又悲伤的医生。1909年,兰克一姓正式取代了罗森菲尔德,同时,这也表示兰克与父辈脱离,走上了独立之路。

巧合而幸运的是,上文提到的阿德勒曾是罗森菲尔德家的家庭医生,他向兰克推荐了弗洛伊德的著作。20岁的兰克,开始阅读弗洛伊德,并且欲罢不能。之后,他还根据弗洛伊德理论,写了一篇论述艺术家之创造性的文章。

1905年的一个春天,在阿德勒的引荐下,兰克带着他的《艺术家》手稿来见弗洛伊德。弗洛伊德见到这份手稿,十分惊讶和赞赏。同时,也非常欣赏这位自学成才的年轻人。从此之后,这位年轻人的命运发生了重大转折!

弗洛伊德雇用兰克作为"周三精神分析讨论会"的秘书，负责记录聚会的讨论内容，还付给兰克报酬，这也是精神分析运动中第一个付费的岗位。而且，弗洛伊德还慷慨资助兰克进入大学预科学习，虽然他比他的新同学平均要大6岁，不过，他对文学、艺术、哲学、历史和心理学的把握，显然要成熟得多。1907年，兰克接受弗洛伊德的建议，重新修订《艺术家》（The Artist）并出版。1909年，兰克的《英雄诞生的神话》（The Myth of the Birth of the Hero）出版。1912年，兰克的《文学与传说中的乱伦主题》（The Incest Theme in Literature and Legend）出版。同年，兰克以一篇关于精神分析的论文获得哲学博士学位，成了第一位非医学出身的精神分析家。

此时，兰克与弗洛伊德的感情也日益加深，弗洛伊德深情地称他为"小兰克"。

1913年，在荣格与弗洛伊德决裂之后，在琼斯（Ernest Jones）的建议下，弗洛伊德选取了五位亲信，组成了秘密委员会，以维护精神分析运动的顺利发展，并且，每人发了一个象征凝聚力的金指环。后来又加入一位叫艾廷冈（Max Eitingon）的，组成了一个七人小组。兰克是七人小组中最年轻的成员之一，是弗洛伊德最亲近的一位，同时，也是除了弗洛伊德之外，最多产的一位。

1911年，弗洛伊德曾写信给荣格说道："这些维也纳人都毫不重要，唯一一个有前途的人是小兰克，他既聪明又正派。"同年，弗洛伊德给亚伯拉罕（Karl Abraham）的信中同样写道："除小兰克以外，我所有的维也纳追随者都不值得一提。"他甚至还曾打算把他的小女儿安娜（Anna Freud）嫁给兰克。要知道，当安娜去见琼斯时，弗洛伊德还特地写信告诫琼斯，不要打他女儿的主意。

荣格与弗洛伊德决裂之后，兰克越发被委以重任，1912 年《潜意象》（*Imago*）创刊，兰克扮演了创始人和编辑的角色。1913—1924 年，兰克创办并一直担任《国际精神分析杂志》（*Internationale Zeitschrift für ärztliche Psychoanalyse*）的主编。甚至在 1914 年的八九月份，弗洛伊德的儿子服兵役之后，兰克每周都会陪弗洛伊德吃晚饭、散步。由此可见，弗洛伊德对兰克非常器重并完全信赖，实际上，他已经将兰克视为理想的"精神分析之子"。

然而，可能要令弗洛伊德大为伤心的是，事情并非如他想象中那么顺利。不久之后，他对兰克作为继承人的期望恐怕又要落空了。

1924 年，兰克与费伦茨（Sándor Ferenczi）在合著的《精神分析的发展》（*The Development of Psychoanalysis*）中，提出了缩短精神分析疗程的想法——不要过多关注患者的童年经验，而应关注患者当下的情感体验。这时，兰克与弗洛伊德之间大概已经点燃了导火索。琼斯甚至说，他在其中看到了与荣格相似的观点。

同年，兰克又出版了《出生创伤》（*The Trauma of Birth*），这是他的代表作品之一。兰克在写好这本书还未出版时，就将其作为生日礼物送给弗洛伊德，献辞写道："献给潜意识的探索者，精神分析的创立者。"起初，弗洛伊德很喜欢这本书，称赞它是"自发现精神分析以来最伟大的发现"，认为这本书有三分之二是正确的，但他后来只承认其中的三分之一，再后来他简直无法忍受这本书的观点，因为它背离了久经考验的精神分析理论。

兰克认为，出生是一种创伤体验，影响个体发展最重要的因素是出生时与母亲的分离，无论是神经症的还是正常的焦虑，都源自出生，源自与母亲子宫的原初分离。这等于否认了俄狄浦斯情结是精神分析理论中的至上解释，而认为前俄狄浦斯时期的母子关系更为重要。而我们知道，弗洛伊德是何等看重俄狄浦斯情结，他曾经宣称："如果说精神分析除了俄狄浦斯情结这个发现之外，再无其他可引以为荣的东西，那么这个发现本身就算得上是人类宝贵的新成就了。"

这样一来，我们就不难理解，弗洛伊德为何对出生创伤的理论由部分接受变为完全否定了。在某种程度上，正是这本出版物改变了兰克的职业生涯，使他由精神分析运动中最受喜爱的"儿子"变成了一个引起争论甚至被排斥的人物。

1924年4月，硝烟未散，兰克赴美讲学。这是兰克第一次造访美国，弗洛伊德虽然表示支持，但他的内心充满了担忧与不安。他可能想起了自己1909年的美国之行，那并不是一次愉快的回忆。旅途中，弗洛伊德吃不好、睡不香，最后他还觉得美国人很没文化。然而，更重要的是，他可能想起了荣格，自从共同赴美讲学之后，他们就渐行渐远，最后一拍两散。

同样，兰克的内心也充满了矛盾。此时，他不得不两面做人：在演讲中，他一方面将出生焦虑和短程疗法归功于弗洛伊德的理念；另一方面，他又刻意给听众留下一种印象，即是他带来了令人振奋的新事物。他既是精神分析的代言人，同时也是大胆的修正主义者。

然而，10月份兰克回到维也纳时，面对年迈的弗洛伊德的需要，他似乎又一下子失去了勇气。兰克感到无力承受这种分离之痛，陷入了痛苦和矛盾之中。正如出生创伤导致人们有一种"生的恐惧"，不愿抛头露面，想要回到原来的温暖之所，11月，兰克准备再次赴美，却两次折返家园。12月的第二周，兰克开始每天接受弗洛伊德的分析。兰克甚至还写了一封认错信，信中详述了自己的悔恨、内疚和自责，并说自己处于神经症状态。

然而，这也可能是一个迂回战，虽然"秘密委员会"的其他成员并未轻信兰克，但这些举动深深打动了弗洛伊德。这个单纯的老人家选择再次信任兰克，并同意他第二次访美，然后又有了第三次。最终，在这场残酷的"战争"中，兰克战胜了自己的"出生创伤"，克服了"生的恐惧"，决定去开辟新大陆。

与弗洛伊德决裂之后，1926—1934年间，兰克频繁往返巴黎与纽约，进行演讲、教学和治疗。

居住在巴黎时，兰克吸引了一大批作家和艺术家前来接受分析。其中就有著名作家亨利·米勒（Henry Miller），当时他的《北回归线》（*Tropic of Cancer*）正在创作之中。米勒认为他们的会面非常成功，说他从兰克那里得到了"像宝石一样的艺术治疗"。

1933年11月，著名女作家、现代西方女性文学的开创者阿娜伊斯·宁（Anaïs Nin），在米勒的鼓舞下去拜访兰克。[①] 阿娜伊斯在后来出版的《阿娜伊斯·宁日记》（*The Diary of Anaïs Nin*）中写道："我内心生长的不是芬芳的鲜花，也不是甜蜜的果实，而是困扰和焦虑。兰克医生不把此类症状称为疾病，而称之为大自然的私生子，与那些出生合法、高贵的兄弟姐妹们一样美丽迷人。兰克医生的这一理念深深地吸引着我。"

在兰克的影响下，阿娜伊斯甚至决定去做精神分析师。1934年11月，阿娜伊斯应兰克之邀，前往美国纽约，做他的助理秘书。很快，阿娜伊斯就进入了状态。"兰克医生2月底回来，我是他的助理。是的，他在做巡回演讲。"不仅如此，兰克还把他的病人转介给阿娜伊斯，并担任她的分析师和督导师。

---

① 阿娜伊斯·宁是亨利·米勒及其妻子的共同情人，有部电影讲了他们三个人的故事，叫《亨利和琼》（*Henry & June*，又译《情迷六月花》）。

兰克为阿娜伊斯的工作和学习提供帮助，阿娜伊斯则为兰克的生活增添色彩。在某种程度上，兰克已经厌倦目前的生活模式，厌倦整天湮没于聆听、分析和阐释，厌倦丝毫没有自我的紧张行医生活。作为一个艺术家，阿娜伊斯建议兰克在工作和娱乐之间寻求更好的平衡。于是，兰克开始控制病人数量，给自己更多时间去剧院，去阅读，去写作。是的，还把一部分病人转介给阿娜伊斯。

1935年，兰克正式定居美国，奔波于费城和纽约之间。像以前一样，兰克受邀到各处进行演讲和授课。前前后后，兰克做过"精神分析作为普通心理学""出生创伤及其对精神分析治疗的重要性""罪疚感的起源""客体关系的起源""父母的态度和儿童的反应""超越精神分析""神经症患者乃是一个失败的创造者""主动和被动的心理治疗""现代心理学和社会变革"等一系列演讲。

兰克在美国演讲的内容后来被罗伯特·克雷默（Robert Kramer）编辑成集，取名为《差异心理学：美国演讲录》（*A Psychology of Difference: The American Lectures*）。美国存在主义心理学之父罗洛·梅（Rollo May）为此书作序，并在开头写道："一直以来，我都认为奥托·兰克是弗洛伊德圈子里最伟大的未被承认的天才。"

这样称赞兰克的并不止罗洛·梅一人。卡尔·罗杰斯（Carl Rogers）是美国最有影响力的心理学家之一。1936年，他拜访了奥托·兰克并邀请他在纽约州做了一系列演讲。这些演讲改变了罗杰斯，他一直感激兰克，认为兰克对"来访者中心疗法"的形成产生了深远的影响。罗杰斯说："我被兰克的思想所感染了。"

纽约作家、诗人保罗·古德曼（Paul Goodman）与弗里茨·皮尔斯（Fritz Perls）、劳拉·皮尔斯（Laura Perls）等人一起创立了格式塔疗法，他们在这种疗法里应用了兰克关于"此时此地"

（here-and-now，即关注当下情境）的思想，并称兰克关于艺术和创造性的后弗洛伊德主义思想是超越赞扬的。

兰克的思想还对社会工作领域产生了重大影响。费城儿童指导诊所的社会工作者阿尔梅纳·道利（Almena Dawley）说，社会工作是"最先认可兰克倡导的个体意志及其同治疗情境的关系的职业"。兰克最直接的影响就是，在宾夕法尼亚大学社会工作学院创立了社会个案工作的"功能学派"，它被认为是社会工作的四大传统学派之一。

基于兰克思想的功能学派认为，人的行为虽然受潜意识、早期生活经验等因素的影响，但主要是由个人意志决定的，个体是其行为的决定者和主宰者，当他面临发展困境时，能借助专业人员与机构的帮助发挥潜能解决所面临的问题。社会工作的目标在于发展、执行社会服务方案，以满足一些由个体努力无法达到的需求，增进个人的成长与福利。

很多人认识和了解兰克，其实是从美国文化人类学家欧内斯特·贝克尔（Ernest Becker）获普利策奖的著作《拒斥死亡》(*The Denial of Death*)开始的。贝克尔在其著作中对兰克进行了高度赞扬："（对于兰克的）大多数工作，光有赞美是不够的。因为那些动人的思想常常那么新奇、出人意料、独一无二，那些深邃的洞见完全就是意外的馈赠。我认为，除了因为兰克的天才，还因为他的思想跨越了几个知识领域……兰克的体系对于社会科学的发展而言有着最为深广的内涵，这些内涵甚至为阿德勒和荣格所不及，它们才刚刚开始被发现。"

然而，天妒英才，兰克在美国生活了不过四年，就撒手人寰了。或许，正如兰克自己关于创造力的理论所说，太具创造力是对神的一种冒犯，他引用席勒的诗句："如果允许神灵进入你的意志，她便会从她那星光璀璨的宝座走下。"1939年7月31日，兰克开始了第二次婚姻，新的婚姻给了兰克新的活力与希望，他自己说道："我在55岁半的时候开始了新生活。"但可惜的是，他却无缘无福享受。同年10月31日，弗洛伊德在伦敦去世五个星期后，小他28岁的兰克由于药剂副作用导致感染，在纽约与世长辞。

兰克曾说，当自己足够老时，要写一本社会心理学的著作。《超越心理学》(*Beyond Psychology*，1941)便是兰克的最后一本著作，在兰克去世后由其朋友代为出版。这本书远远超越了它的时代。兰克认为，无论是精神分析心理学，还是当前的社会意识形态，都是对人类行为的一种理性的解释和建构，而人类存在的基础其实是非理性的。如果我们否认并压抑这种非理性，那么，我们必然变得更为疯狂。当然，兰克也并非一味强调我们释放非理性，他试图调和这种理性和非理性的比例，就如尼采试图调和酒神和日神的关系一样。

兰克晚期的另一部代表作是《心理学与灵魂》(*Psychology and the Soul*，1930)。这本书探讨了肉体死亡与个人不朽问题。兰克认为，人类终其一生，都不断地在表现意志，只有死亡才会让意志的表现停止，这是人类恐惧死亡的主要理由。面对死亡，一种最常见的防御方式，就是灵魂信仰(soul-belief)。灵魂信仰自古有之。原始人相信，有灵魂这么一种东西，它保有个人的人格特质，且不会随着肉体消灭。借由相信灵魂确实存在，人们可以超越对死亡的恐惧。

兰克，对中国读者来说可能并不熟悉。在某种意义上，兰克被遗忘了；但在另一种意义上，他也在被人们所记起。贝克尔在

《拒斥死亡》中对兰克的无上赞誉就不必说了。而兰克本人著作中文版的出版，说明我国心理学界开始探究兰克的思想。2013年，作为"现代社会与人"名著译丛中的一册，贵州人民出版社出版了孙林等人翻译的《超越心理学》，并于2018年再版；而此次，郭本禹老师主编、中国人民大学出版社出版的"西方心理学大师经典译丛"，纳入了兰克的《出生创伤》《心理学与灵魂》等书，这些都说明兰克正在逐渐进入我们的视野。

当然，最后我不能隐瞒这一点，即兰克非常晦涩难懂，但这并不妨碍我们喜欢兰克。喜欢兰克，在某种程度上，其实是喜欢你自己。兰克是一个被遗忘的天才，在自己的内心，你我何尝又不是呢？

郑世彦

写于 2013 年 5 月 14 日

修订于 2020 年 1 月 20 日

参考文献

盖伊. 弗洛伊德传. 龚卓军，高志仁，梁永安，译. 厦门：鹭江出版社，2006.

兰克. 超越心理学. 孙林，孙苹，孙恺祥，译. 贵阳：贵州人民出版社，2018.

林明雄，刘时宁，刘慧卿，等. 精神分析讲台：自体心理学等（之八）. 台北：学富文化事业有限公司，2010.

宁. 阿娜伊斯·宁日记. 祝吉芳，彭桃英，译. 南京：江苏人民出版社，2007.

司群英，郭本禹. 兰克：弗洛伊德的叛逆者. 广州：广东教育出版社，2012.

郑世彦. 记奥托·兰克. 大众心理学，2007（12）：42-43.

目 录

引言　自我认知与人的本性　　　　　　　／1
第一章　灵魂信仰与宗教　　　　　　　　／13
第二章　性时代与心理学　　　　　　　　／31
第三章　个人主义与集体主义　　　　　　／67
第四章　梦与现实　　　　　　　　　　　／87
第五章　灵魂与意志　　　　　　　　　　／129
第六章　自然与精神　　　　　　　　　　／151
参考文献　　　　　　　　　　　　　　　／175
索引　　　　　　　　　　　　　　　　　／183

引言
自我认知与人的本性

> 宗教一旦被证实是真实存在的,就会消亡。而科学就记录宗教的消亡。
>
> 奥斯卡·王尔德［1894］

写一部心理学的发展史,就如同要记载人类灵魂（soul）是如何演变的,这不亚于写一部人类起源的历史。人们通常认为科学心理学始于亚里士多德（是他最先从"心理学的角度"探索与梦相关的问题）,但在科学心理学之前以及在非科学心理学的范畴,已经有而且一直有研究关注着"灵魂的科学",现在的所有心理学流派都起源于此。

要想了解心理学就必须了解这一学科的研究对象：灵魂。但其独特性使这一学科处于非常特殊的处境：从科学的角度研究灵魂这一概念,必须提供自己的研究对象。事实上,心理学并不了解自己的研究对象,同时又坚决拒绝沿袭传统的概念。正如我们长久以来从民俗、宗教、神话等渠道所知道的那样,在科学心理学中"灵魂"并不存在,但研究却在以它存在的方式进行着。具有讽刺意味的是，心理学一方面努力确定其灵魂概念（soul-concept）的正确性，另一方面又通过研究证实灵魂并不存在，选择把这个问题留给其他学科，尤其是人种学。

精神分析给予这些在心理学中被忽视的领域以特殊地位，但是精神分析是从唯物主义心理学的"启蒙"角度进行研究，而不是首先从它和它所处的环境来认识灵魂概念。本书的任务不是将精神分析或者任何现代心理学应用于人文学科，而是从发展演变的角度了解我们的心理，以及这门学科。心理学是如何从灵魂概念演变而来的？这一概念既是心理学的研究对象，也是多年来发展演变的源头。本书注重的是对灵魂的研究，而非传统意义上的心理学史研究——探讨其发展演变而非发展历史。

这让我们不得不面对心理学作为一门科学的基本问题。对此，我所做的论述虽然看起来像是在回顾历史，但我仅限于其中最基本的要点。对于作为一门科学的心理学来说，无法回避的问题是灵魂研究到底是科学的还是哲学的，是物理学的还是形而上学的（亚里士多德），是主观的还是客观的（科学）。从亚里士多德为回应柏拉图的哲学灵魂观而提出的最初科学心理学到现代的精神分析的各种不同流派之间的争论，不同时期的不同流派都最终要归结于这一决定了不同世界观、态度和研究方法的基本问题。

》心理学的二元性

为了把握存在于具有不同世界观的心理学各个流派中这一古老争论的意义，我们应首先探讨一下这一基本问题。心理学知识的不同发展阶段揭示，主观和客观取向并不是简单地改变视角的问题。实际上，在心理学中存在一种固有的二元性，我称之为**关系科学**。

我们需要区分心理学的两个领域：自我认知（self-knowledge，或自我表征）和对他人的认知（了解人的本性）。第一个领域是用自我认知理论研究自我意识；在第二个领域，无论是关于性格、正规教育还是关于心理治疗的一般理论，心理学作为一种方式、工具，或者"技术"，都被用于洞察、控制他人。简言之，我们必须将主观心理学和应用、客观心理学区分开。之后我们将看到这样做是否正确，尤其是我们是否可以将客观心理学称为"应用"心理学。虽然心理学的研究对象来自主观范畴，但它都有客观的倾向性。这里的"应用"意味着有目的地影响他人，就像在原始的巫术中那样，这是基于对人的内心活动的明确假设。

直到人类文化发展的后期才有人尝试把心理从内在、主观的世界中解放出来，使其成为一门科学研究的对象。亚里士多德反驳柏拉图的哲学灵魂概念就是这种尝试。直到19世纪，作为一门意识科学，心理学才赢得了科学的地位，从笛卡儿主观经验角度研究意识。科学使这种主观观察的研究模式成为感知心理学，或者心理物理学的组成部分，成为"没有灵魂的心理学"，而将灵魂研究留给了哲学家们。因此，我们应该从笛卡儿开始回顾现代心理学的发展历程。灵魂概念演变成了自然哲学中的无意识，而意识现象构成了心理学这一学科的研究内容。

无论是否合适，精神分析将这两个研究范畴融合在一起。弗洛伊德想把心理学的自我认知从意识扩展到无意识，将难以理解、代表古老灵魂的无意识变成自我观察（self-observation）和客观理解的对象。他扩展了意识的范畴，扩大了心理学的研究范围。但是在从现实的角度解释无意识的过程中，正如感知心理学对待意识那样，弗洛伊德将灵魂拒之门外。

弗洛伊德承认无意识也就确认了灵魂概念，但是从唯物论角度解释灵魂，他又否认了灵魂。意识不仅仅包含外部世界的信息。弗洛伊德用无意识这个概念来解释这种超出外部世界的信息，他将之解释为现实的反映，即只是外部世界的一种残留。但是，无意识拥有的不只是过去的现实，它还包含一些不真实的、超感官的、曾归因于灵魂的内容。我们应该看到，我们祖先早期的思想和哲学是精神性的，不是真实存在的。对我们的祖先来说，灵魂完全是内在的、精神性的和超自然的。灵魂只有在最近科学心理学的包装下，才成为一个外在问题，成为科学研究的对象。

当代心理学或许是一门科学，但是科学并不能解释它的基底，即灵魂。心灵（psyche）既不是现代神经病学认为的大脑功能，也不是弗洛伊德设想的被升华了的生物欲望。科学心理学可以用同一理论解释本能的人和理智的人。然而，正如布洛伊勒坦言的那样，这种心理学留下一块"很大的空白"[1]，因为大脑只是我们演奏灵魂主旋律的一种乐器，而性冲动只是一种表现形式。即使我们可以通过科学对灵魂有所了解，心理学的大部分——最好、最有意义的部分——也无法解释，因为灵魂是主观的，需要一门关于自我意识的心理学。

心理学作为投射

关于自我意识的心理学关注的是纯粹的主观现象，这是它的

---

[1] Bleuler 1921, 54ff.

全部价值所在。然而，我们缺少通往内心，即灵魂的途径以及任何内省的动力。内省似乎是非先天的，是后天习得的；先天的、自发的东西似乎就是**投射**（projection）。尽管——或者因为——它是内心活动和灵魂的基本机制，人们也一直在使用这种机制，但投射还有待于心理学上的解释。稍后，我将讨论我们对投射的内在需求。在此，我只想谈论投射机制在科学心理学中发挥的重要作用。

早期，科学心理学从感官转向思维的研究——**认知心理学**。人们设计了联想实验，在一个实验对象身上总结出一种也可以让其他人理解的思维定律。虽然人们普遍认为这样的实验结果是有效的，但就实验设计和实验实施过程而言，实验者被排除在外。精神分析已经从基于"客观的"联想实验转变到基于主观的自由联想。但即使是这样的精神分析，尽管在临床上是有用的，我们还是看到了相同的取向——非心理的取向。无论怎样，精神分析师揭示患者内心活动的普遍规律时，至少在理论上必须将自己包括在内。但在临床实践中，精神分析师感觉被排除在研究结果之外，而且是主观上不参与到结果之中。他越关注患者，就越是这样。正如我从客观的角度把它称为关于关系的科学那样，我们可以把关于人的本性的临床心理学称为主观意义上的关于**投射**的科学。①

因此，就像在道德和教育领域我们总是研究他人那样，我们也需要一个既研究他人又实践于他人的心理学。虽然我们能理解别人可能会改变，但心理学声称是一门主要关于自我认知的学科。自相矛盾的是，它的自我认知是从他人那里获得并进行检验的认

---

① Rank 1928, 13.

知。科学心理学似乎非常习惯于这种无法逃避的事实，认为观察和研究一个对象是必要的，而这个对象却不是自己。这里，逻辑矛盾实际上是情感上的阻抗（resistance）。

日常生活体验充分表明，自我（self）可以充当自我观察的对象，而且在某种程度上一直是这样做的。通过他人研究我们自己的心理状态，无论他人是学生、患者、朋友还是情人，我们都无法避免内在的错误根源。但是，一旦一般规则和模式确立后，科学的意识形态就会导致我们忽略差异性，这在心理学领域最为重要。如果没有明确界定个体或人格因素，这本身在科学上就是挑战。我们只要注意一下受过学校教育的实验者的学术思维过程与普通受试者单纯的自发行为之间的区别，就能认识到我们不能简单地从一个人推断到另一个。心理学家将他本人从对他人的调查结果中摘离出来也许是正确的，因为大家都有这样心照不宣的默契，即存在着心理学家的心理学和被心理化（psychologized）的心理学。

》对自我认知的抗拒

心理学家只有把他们自己的心理状态投射到研究对象身上，才能把他们自己包括在研究之内。由于未觉察到这一过程，我们认为我们所做的恰恰相反——在心理上从研究对象推断到他人，然后回到我们自己——但实际上我们是从自己投射到他人。人们或许会认为结果或多或少是一样的，但我们现在更感兴趣的是心理偏向，而不是结果是否一样。这里我们为抗拒自己成为心理学研究对象找到了情感上的理由。在内心深处，我们不想观察自己，不想提升自我认知。首先，寻求自我认知并不是我们本性的原始部分。其次，这样做是痛苦的。最后，这并不受益而常常令人不安。要让自我意识更容易忍受，我们需要假想出自我认知是有益处的。但由于自我认知的妨碍作用太过频繁，我们还是决定利用对他人的认知。

客观的或技术性的心理学始于巫术，并且目前在教育者、护理员和治疗专家所信奉的人性精神分析理论中占有一席之地。它成功地影响和控制了他人——外在世界最重要的部分。专注于自我认知的主观心理学缺乏实践价值，并且常常困扰着从根本上说具有投射性的本能自发性。原始朴素的投射倾向是"反心理的"，而后来出现的客观科学心理学仍然是投射，也就是说是主观的，尽管它采取的是对他人心理进行研究的形式。心理学通过假设自我认知是理解他人的前提来解决这种不可避免的问题。但是，事实并非如此。我越能更好地凭直觉理解他人——也许还能客观地了解自己——就越不想通过他们了解自己。以自我为目标的或者是内省的心理学并非以自我认知为目的，它始终主观地存在于**自我表征**（self-representation）之中，而自我表征本身就是一种阻碍自我认知的投射。心理学也许诞生于带有实用目的的客观学科——影响或者控制人们。不受欢迎的自我认知不请自来，我们到后来才认识到这个副产品的价值。

❯❯ 心理学家的类型

既不是源头也不是终点，而是他人心理的一种副产品的自我认知成就了现代心理学家，他的理想就是寻找自己和所有人的自我认知。讽刺地说，人们似乎不得不找到这种看似无用的自我意识的好处，并决定赋予其功能。最终，它成了一门科学，通过心理学间接地获得对人的本性的理解，使教育和心理治疗中的这些方法带有科学的色彩。因此，客观心理学的影响要归功于它的主观部分，即它涉及我们个人的自我（ego）的部分；而客观的部分，即对他人的研究，是非科学的，仅仅是出于实用的目的。

专注于自我观察的心理学家是无用的，或者是"不切实际的"，这样的看法在今天依然存在。只有以教师、精神病学家、精神分析师或类似的身份从事心理学实践，我们才称他为科学家；否则，他将只是一个内省的沉思者，思考着自己的思想和感情。实用心理学家会轻蔑地称他为"强迫性神经症患者"，只有在特殊情况下，才可能会承认他是一位哲学思想家。总之，只有当我们将自我认知应用于他人时，也就是说，当我们使自我认知服务于实用目的时，我们才认可自我认知。我们最初的想法是我们可以通过理解人们来控制和指导他们，后来又有了我们应该帮助他们的理由。

精神分析作为一种活跃的、对主体和客体的心理学研究，将心理学的主观与客观、技术与纯理论、科学与人文的两个方面以一种全新的组合呈现在我们面前。在精神分析中，我看到的是心理学历史的终曲，而不是一个新时代。在对精神分析的合理性、意义和应用价值的激烈争论中，心理学的基本问题得以显现：它是物理学还是形而上学？想知道精神分析属于医学还是哲学范畴，就是在问它是研究心理还是灵魂。就像所有过去、现在和未来可能的心理学一样，它显然是两者兼而有之。精神分析的本质在于它是一对矛盾的结合体：最初是一种影响他人的实用技术，最终成为灵魂的一种新的形而上学。在自身所面临的问题中，精神分析是心理学所有不同派别中的典型。

精神分析的情感优势却是其科学性的弱势。它既是科学与形而上学的结合，又是心理学与灵魂研究的结合，二者之间没有明确的分离或区分。如果它只是其中之一，那就什么都不是，也就是说，没有了原创性的内容。但是，它是一种新的联合体、混合体，是我们这个科学时代的术语和思想将两者结合在一起：结合了因果思维模式（即将心理法则简化为自然法则来**说明事物**）和人文模式（即**解释心智**和了解灵魂结构）。精神分析在这一双重角色上收效甚微，它的失败体现在荣格和阿德勒的不平衡体系中。荣格的种系发生理论将心理因果关系发挥到极致，而阿德勒的个体心理学只关注结果，只看到结构因素。自相矛盾的是，荣格既反对又极力拓展（种系发生因果关系）这一科学要素，而阿德勒则忽视作为个体心理学基础的人文要素。精神分析试图兼顾二者，一方面忽视现实，过分强调心灵，另一方面又用现实来解释心灵。

▶ 心理学的类型

尽管如此，我们还是第一次看到了心理学的这两个方面之间紧密的、相互依赖的联系。精神分析很好地展示了心理学的这两个方面。精神分析最初的想法纯粹是治疗性的，而且正如我现在所看到的，它倾向于通过代之以"**自身被（他人）理解**"来将心理学从强迫性自我觉察中解放出来。被他人理解对治疗有帮助，因为被他人理解实际上是爱的表达，这证明或验证了我们的个体存在（相反，利用心理影响他人似乎是一种敌对行为）。但是，这种非心理的、出于爱的理解破坏了精神分析的治疗作用，因为神经症患者在过度自我觉察的折磨下（在别人的帮助下）恢复了他想要逃离的自我认知。在治疗上，精神分析失败了：没有治愈内在的强迫特质，反而培养了自我觉察和心理分析（psychologizing）。从对（他人）人性的认知（出于治疗目的）发展到自我认知（出于研究目的），这个理论只给我们提供了描述心理类型的心理学。这个理论展示了一个人如何渴望再一次像"正常人"一样属于非心理范畴，而这个"正常人"的心理则是科学一直在徒劳寻求的。这个"正常人"从这种意义上说没有心理，也就是没有内省，没有自我认知，但能理解别人并且有一种内在生命，即灵魂。

作为科学、作为一种有影响力的方法，心理学的确根据一个人自己的情感和意志诠释了另一个人的灵魂。既然我们不能随意改造（或撵走）我们身边的人，我们就会按照自己的意愿来诠释他。我们的个体心理学是一种反射现象，一种从身边的人回到自我的心理状态的投射反应。简言之，我们不仅按我们的意志解释他人，即我们的敌对行为、控制行为，我们也会从他人的角度重新诠释自己并称之为爱。心理学可以被看作一种相互反射的现象，我们只能从另一个灵魂的镜像反射中瞥见真实自我的幻影。

回到我们的初始问题，即心理学的最初研究对象是某种超自然和超人的东西：灵魂。只有当最初的灵魂概念从意识中淡出后，人才能成为心理学探索和研究的对象。从这个意义上说，宗教过去和现在都是心理学，就像我们现代科学心理学避免不了是灵魂研究一样。当代心理学的兴趣实际上是对宗教、灵魂信仰的延伸——只要允许，一直是心理学感兴趣的研究对象。宗教相信灵魂的存在，相信普遍的灵魂实体。我们的科学心理学否认灵魂，却通过研究**个体的**内在生命，即灵魂或自己来追求灵魂信仰。人类从宗教到现代心理学的演变是一个渐进的灵魂信仰个体化过程（individualization）：从集体的灵魂到个体的灵魂，即自己。非科学与科学心理学二者之间的差异在于前者想要提出假设而不是去了解灵魂。现代心理学试图通过理解灵魂，去证实类似灵魂的东西的存在，因此默认灵魂是研究对象。

到目前为止，心理学的发展还有第三个，也是最后一个阶段。在这个阶段，心理学研究的对象既不是灵魂，也不是人，而是心理本身。理当如此！心理学是通过否认和拒绝它的第一个研究对象，即灵魂，而逐渐发展起来的。各个流派的心理学为我们提供了替代研究对象，来取代失去了的灵魂信仰和它的支持者——人。宗教是对人类社会进化的一种心理注解，如果没有宗教传统，我们对心理学就会一无所知。同样，在不同时期，不同的心理学对灵魂信仰表现出不同的态度。在泛灵论时代，心理学是灵魂的创造物；在宗教时代，它是灵魂的代表；在科学时代，它已经成为关于个体灵魂的一种认识。

我们仍然坚持最初的灵魂信仰，一种对永生的朴素信仰，但我们并不是像泛灵论时代的人们那样有意识地这么做的：我们羞于承认这一点。无意识的核心所进行的活动不是科学的精神分析从生物学角度所做的解释，而是无法从物质即躯体意义上来理解的精神或灵魂的创造。毕竟人类流传下来的普遍心理是灵魂，我们的灵魂信仰——我们内心信仰但在现代心理学中却被置之脑后的那种古老的心理。

这种解释符合人种学的研究发现，但与"现代"世界观却格格不入，因为"原始人"注重的是精神世界而不是现实世界。因果原则在原始思维中只扮演次要角色，主要的角色由各种各样的超自然和天上的力量所扮演。它们不是自然存在的而是从自我投射到自然的部分。随着我们变得越来越现实，我们把灵魂在内心理得越来越深，因为在外部世界没有它的位置。与我们不同的是，原始人承认灵魂，自觉地信仰它，并让这个世界充满灵魂信仰，即他们的灵魂物质。他们让世界变得不那么真实，更像自我。

如今，我们是一群拒绝承认灵魂的真实性的心理学家。我们从因果角度解释灵魂是什么，灵魂在做什么。科学用知识代替了信条，但最终我们的认识却建立在信仰，进一步说是灵魂信仰之上。由此，在我们内心世界和心理中产生了许多怪异和冲突。原始人相信他们的灵魂，把灵魂投射到现实世界，形成了超自然的、巫术的，后来是宗教的世界观。我们现在以一种更加现实的方式看待和理解我们自己和环境，我们更多地投射到他人、我们周围的人而不是这个世界。这种向他人的投射以及它在我们自身引发的反应就是客观心理学的本质。

第一章
灵魂信仰与宗教

> 上帝所创造的灵魂与自己如此相像，以至于在天上或地上没有比人的灵魂更像上帝的了。
>
> 迈斯特·埃克哈特（Meister Eckehart）

通过研究原始民族，以及文学作品描述的由灵魂和肉体组成的双重之躯，我开始尝试着了解早期的灵魂信仰。[①] 与精神分析的看法不同，我把对肉体灵魂（bodily soul）的原始信仰理解为对永生根深蒂固的信仰。肉体灵魂最初被看成是纯粹物质的第二个自己，当作为肉体的自己死后，灵魂依然存在。这个不朽的灵魂最初被认为是一个人的影子或镜像。这一事实表明，对我们最早的祖先来说，丧失自己、丧失个人的个体性是无法忍受的，甚至是无法想象的。因此，在最早的灵魂信仰中，我们看到的不是对死亡的焦虑，而是对死亡和个体性丧失的完全否认，相信灵魂在肉体死亡后可以继续存在。

---

① 参见 Rank 1914。

灵魂产生于死亡这一事实，以及个体对此的否认。我们的内心世界一直存在着死亡这一问题。我们相信在死后存在着永生的物质灵魂，即另一重自我，借此来否认死亡。我们的原始祖先更担忧他人而不是自己的死亡。他们甚至从未承认自己会死亡，但在面对自己的死亡之前必须面对他人的死亡。将他人的经验运用到自己身上，标志着向心理学迈出的第一步，至少是关于人性的直觉心理学的第一步。这样一种心理学显然与逻辑-科学心理学完全相反，后者提升了人们利用自己的经验去理解他人这一做法的地位，使之成为一种原理。

将我们的主观心理学外推来理解原始灵魂误导了许多现代人种学家，使他们得出这样的结论：脱离肉体的灵魂来源于亡灵，即**梦**中出现的死去的人。这一解释建立在**我们的**梦概念上，尽管对于原始人来说梦是真实的，但对于我们来说梦是一个纯粹的主观过程（无论得到解释与否）。而且，死去和活着的他人的游魂——不是我们自己的——首先出现在梦里。梦进一步欺骗了我们，经常出现在梦中的是死去（或不在场）的人，而不是真实的、在场的我们自己。①

将看似客观的梦境体验应用于自己是继"自恋"阶段之后的第二个矛盾的灵魂信仰的发展阶段。正如影子（或镜像）让人们产生了对自己的肉体灵魂的信仰一样，真实的梦境体验也让早期人类得出结论：**他人的没有关联的灵魂也会一直存在**。因此，恼人鬼魂的返回之梦迫使人们接受他人、敌人，尤其是被杀者的永

---

① 众所周知，Traum（dream，梦）一词与 trügen（deceive，欺骗）一词拥有相同的（原始印欧语系）词干 dreug [dhreugh]。在另外一些语言中，"梦"与"睡眠"拥有相同的词干。

生。随后灵魂在梦中离开身体（再一次以有形的方式，如蛇或鸟，而且是通过嘴里像呼吸那样），可以自由自在、随心所欲，这样的想法符合出现在我们梦中的他人的灵魂的所作所为。梦是以客观而不是主观的形式出现在自我中的，也就是说，梦起初不是一个心理学问题，而是一种灵魂现象（参见第四章）。

自然死亡之谜

在这里，我们无法说明有哪些迷信、宗教思想甚至心理学上的假设是由此发展而来的，也不能指出哪些是由承认灵魂不朽导致的。这种曾经属于自我的不朽，也必然适用于他人。这一转折点揭示了焦虑这一重要的心理问题，而此前该问题一直被个体不朽的原始信仰所掩盖。这种焦虑首先表现为一种恐惧，不是对现实和活人的恐惧，而是对死者或被杀者的灵魂以及恶魔的恐惧，认为他们的重现是出于对生命的渴求以及对复仇的渴望。就像永生的自我无法想象死亡那样，这些灵魔同样也**有动机**活下去（复仇）。没有这个动机，恶魔就会死亡，而自我也不承认自己终有一死。恶魔想要得到自我，想要暴力地夺走它的生命。在原始人的解释中，这表现为一种双重或特别矛盾的心理。

自然死亡更令人费解：似乎是无缘无故发生的，而且就像睡着了一样，暗示着一种"过渡现象"，而不是有意地消灭一个活人。在具有负罪感的谋杀犯的梦中，受害者的鬼魂会出现来折磨他。被谋杀的人比自然死亡的人更能证明他们的永生。暴力死亡保证了灵魂的存活。在文明民族落后的民间信仰中，只有被杀者的灵魂才继续活着，不停息地四处游荡。对许多人来说，正是他们遭受暴力的结局赋予了他们"永生"。我们可以回想一下神话般的人物，比如基督，以及人类的例子，比如圣女贞德。这也许可以解释为什么在原始和古老的祭礼中，人祭被认为是一种特权，是一种赋予被选中者的荣誉。此外，这也解释了为什么出于复仇的渴望，会选择（用吃掉、肢解或焚烧的方式）彻底毁灭对方，其目的正是在于剥夺被杀者永生的机会。

显然，这一系列关于永生的信仰和两种死亡（一种通向永生，另一种是真正的死亡）带来了最初的杀戮禁忌。这实际上不是禁令，而是一种不言而喻、出于本性的禁忌。这一禁忌并非源于正义的初始概念，也不是出于保护他人和社会的目的，而是源于一种受到威胁的直接感受，即一个人的永生受到威胁。受害者无法得到救赎，除非通过杀死凶手为自己复仇，把凶手从集体永生中驱逐出去。我们后来通过禁令和戒律（法律）来维持的正义观源自内部而不是外部的威胁，即不是心理上的，而是来自灵魂的。原始的"因果"解释清楚地表明，谋杀者的自然死亡是恶魔复仇行为的结果。这（像大多数因果解释一样）是一种基于灵魂信仰的心理学解释。

也许我们的刑事司法制度所依据的以牙还牙（*jus talionis*）是源于泛灵论的假设，即谋杀者必然死亡，因为在实施谋杀的过程中，他为自己招来了恶魔的复仇。在杀死别人的时候，他也就杀死了自己——一直存在于灵肉双重之躯的永生灵魂。最后，存在于传统、习俗和法律之中的所有禁忌都是保护个人不受伤害的措施。这种伤害不是死亡的威胁，而是彻底毁灭、丧失永生的威胁。人们安抚邪恶的幽灵是为了得到他们的宽恕，至少是为了保持集体的永生。

》图腾崇拜作为灵魂信仰

在图腾崇拜中，我们发现了第一个互惠的，因此是"合法"的反对杀戮的契约。不过，与我们的刑事司法体系不同的是，图腾崇拜不仅保护相关各方的生命，而且还提供更多的保障：共同永生。图腾崇拜也代表着发生在对死亡真正意义的逐渐认识和对永生的坚定信仰之间的第一次妥协。为了证明这一点，我们必须考虑永生信仰**创造性的**一面，它构成了图腾体系的内容。

图腾崇拜最初在本质上是一种原始的灵魂信仰。[①] 出于对永生的信仰，祖先之灵是神圣的禁忌，因为他们令人敬畏，并且人类物种的永恒性依赖于此。这保证了个体的另一种永恒性。根据澳大利亚原住民的说法，图腾会以动物、植物或石头之灵的形式进入女人体内，使她受孕，从而在被赋予了灵魂的胚胎中获得重生。[②] 人类的父亲不扮演任何角色。只有死去的人，即鬼魂才能赋予生命以灵魂。父亲在这过程中仍然需要自己的灵魂。因此我们可以用这一点，而不是用现实的需要来解释图腾式的婚姻限制条件。原始人严格的异族通婚规则在后来的婚姻习俗中仍然存在，这种习俗把新娘的受孕归因于神灵。

父亲能授孕但并不赋予灵魂，旧时教士们举行的夺去少女贞节的仪式就是基于这样的思想。这样的做法一直在初夜仪式

[①] 维尼修斯（Winthuis 1928）对此给予特别强调。
[②] 参见 Rank 1911b。有鉴于原始人和孩子之间的差异，我们在其他地方讨论了这些"相似"的局限性。

(*jus promae noctis*)中延续着。在称作"多比之夜"(Tobit nights)①的禁欲习俗中，丈夫让死去的人献出他们自由游荡的灵魂来拯救自己的灵魂以便得到永生。在获得性快感的同时，他这个活着的人不需要承担生育的责任。将胚胎的灵魂赋予权归于死去的人，或者是说死人的灵魂，其中深奥的意义可能在于试图与死人和平共处。遵守禁欲与其说是为了给鬼魂特权，不如说是为了将他们不可避免的来访从一种威胁转变为让他自己幸存下来的保证。让鬼魂们回来时带着善良而不是邪恶的意图的同时，男人也避免了自己的灵魂进入新生的人。

正如在文化先进民族的原始异族通婚和其后所有婚姻习俗中所看到的那样，最初的性限制并不是统治者强行施加的。正如上面所提及的，就法律而言，它们是为自我保护和出于自卫本能所采取的自愿、自发的个人行为。只不过，这种特权并不是为活人而是为死人保留的。将灵魂赋予胚胎的死人与活人一样受益，而活人维护了自己的灵魂，拯救了自己。研究者们将异族通婚追溯到对近亲通婚的恐惧，但他们不知道如何解释这一点。精神分析学家将对近亲通婚的恐惧解释为对无意识中乱伦愿望的一种防御策略。在原始人中这种愿望并不像精神分析学家们在现代儿童中发现的那样明显②，而现代儿童则常常以长辈的眼光来看待自己的整个世界。此外，与现在法律和家庭的社会组织结构相比，对于原始人来说，"血耻"(blood shame，近亲通婚)是一个更广泛的概念，与现在的完全不同。

---

① 这个词来源于《多比传》[Book of Tobit (Tobias)，见《旧约次经》]。其中记载，丈夫总是在新婚之夜死去，因为他在繁衍后代的过程中失去了灵魂，而不是为了保存灵魂而禁欲。这也是贞节禁忌的深奥含义(参见第二章)。

② 参见 Rank(1926b)，尤其是其中对群婚的讨论(408ff)。

》灵魂作为近亲通婚习俗的来源

原始部落可以划分为两个或两个以上的群体。其成员，无论男女，都被认为是"血亲"，因为他们属于同一图腾。在原始概念中，这意味着来自同一灵魂。维尼修斯巧妙地将这种图腾描述为"雌雄同体"（bisexual）。但我认为它最初是无性的或超性的，因为它与授孕和生育都无关，只赋予胚胎灵魂。在这样一个特定氏族群体中，对婚姻的限制表明了一种隐秘的意图，即确保妇女因死者灵魂而受孕怀胎，后来逐渐统一到一个最高的图腾，从而免除了丈夫的职能。这名男子必须从另一个图腾氏族中选择自己的妻子。他娶了一个受孕于她自己图腾的女人，从而免于被"外族"丈夫授孕的危险。他可以与妻子发生性关系，但不会在授孕的过程中失去灵魂。最终，这个人避免了自己承担图腾的角色，不会牺牲自己的灵魂来赋予胚胎灵魂并丧失自己的永生。近亲通婚及其衍生的异族通婚的概念可以作为另一个例子来说明，当时作为传统和法律而确立的外部禁令实际上是如何来自纯粹的个人意志的内部自发行为。这种行为与灵魂有关，与外部现实无关。

这样就解开了另一个长期以来人们一直在徒劳地寻找答案的民族心理学（folk psychology）之谜。据说，某些原始部落仍然不知道性关系和怀孕之间的联系。[①] 但是，没有人能解释为什么这么长时间以来本应注重现实生活的原始人没有弄懂这样一个基本的事实。虽然有人可能会认为，从受孕到出生的漫长间隔以及原始

[①] 参见 Reitzenstein 1909。也可参见马林诺夫斯基（Malinowski 1929）近期对特罗布里恩岛岛民的观察，这些岛民实行母系制。（讨论如下。）

人缺乏自我观察,可能推迟了这种认识。但我认为,我们在这里遇到的不是一个现实问题,而是一个需要通过理解其深奥的基础来解决的问题。换句话说,否认这种联系和信息的背后是有动机的。如果我们对图腾崇拜的解释是正确的,那么理解原始人这种独特的态度就变得顺理成章了。

否认与灵魂信仰

由于对性与授孕之间关系的认识和理解不断加深,原始男性怀有强烈的动机通过否认这种认识来保留他最初的灵魂信仰——一种体现在封闭的图腾体系中的信仰。如果他亲自赋予孩子生命,不仅(最重要的)灵魂信仰,而且建立在这种信仰之上的宗教和社会制度也会崩溃。在图腾崇拜中,原始时期的男性通过将死者灵魂赋予新生儿来救赎自己的灵魂。正是对性与授孕之间的关系不是不懂而是否认,构成了图腾式灵魂信仰的基础,正如对死亡不是不懂而是否认构成了对肉体灵魂的原始信仰。在图腾崇拜中,对灵魂信仰的维护是至关重要的。正如我们将看到的那样,这种信仰会随着对生殖本质的接受而消失,这一点不仅仅对原始人来说非常重要。在后来的人类历史中,我们发现在宗教、社会和科学机构中,人们顽强地对抗理智、理性和知识的共同证据,试图维护灵魂不朽的信念。心理学只是这些努力之中的最新尝试。

在此,我们将探讨心理学如何解释灵魂信仰的早期各个发展阶段。继图腾崇拜之后,母系氏族制度开始出现。巴霍芬的研究显示了这个制度分布的地理范围。在日益明显的关于生殖的事实和摇摇欲坠的灵魂轮回的图腾信仰之间,母系氏族制度以另一种方式调和了两者之间的矛盾。即使在图腾崇拜中也存在着将动物作为灵媒的说法。原始人的这种偏爱表明他们知道生殖的事实，或者至少表明他们承认这个事实，这就像我们的孩子知道动物如何生殖一样。① 神灵需要动物媒介来授孕，基督教中也有类似的观点。正如我用古代神话中英雄诞生的传说所证明的那样②，动物总是以作为保护、哺育孩子的母亲形象出现，从来不以生父的形式出现（当然，这类传说包括宙斯的传说）。图腾动物将灵魂赋予理论简单地还原为对该理论的自然的、真实的理性解释，这样的说法过于轻率。相反，在许多情况下（例如，伊甸园的蛇），我们讨论的是原始的灵魂动物。它们被象征性地（隐秘地）描绘成雌雄同体，但最终在现实中（公开地）表现为单性体。

许多迹象表明，动物的灵魂意义在早期的文化演进中纯粹是母性的，（我相信）这一点后来体现在母系氏族制度中。为此，我已经从原始概念中找到主要的证据：作为图腾式的灵魂载体的动物后来几乎清一色地以母亲的角色出现，而且只有哺乳动物适合这一角色。

灵魂动物与性象征

这并不是灵魂的首次具身化。小型爬行和穴居动物（如蛇、蟾蜍和老鼠）是常见的灵魂象征，飞行的鸟类也同样是。在赛芒

---

① 马利诺夫斯基（1927）对特罗布里恩岛岛民的研究报告得出相反的结论，认为观察者的"现实取向"有些过于天真。毫无疑问，这就是原始人的信仰，但这样的信仰不排除他们了解别的事情的可能性。在我们的心灵中，信仰和知识经常共存，无法调和，无法达成和解。

② 参见 Rank 1909，1922b。

人（Semang）和其他部落的前图腾崇拜灵魂信仰中，鸟是最早的灵魂动物。在这里，鸟必须被杀死才能释放灵魂并赋予胚胎生命（Winthuis 1928, 175）。后来的图腾动物不能被杀死，因为它实际上就是人永生的部分。在性阶段，鸟的隐秘意义转变为一种公开意义，即男性生殖器的象征。后来，图腾动物越来越多地呈现出以哺乳动物为象征的母亲形象。在澳大利亚，袋鼠扮演了这一角色。这说明父亲的概念与死亡的概念是连在一起的，而妻子-母亲则逐渐代表了纯洁、不朽的灵魂实质。

与哺乳动物的母性意义相比，那种"地上爬行、天上飞"的小巧、快速移动的动物似乎最初就具有赋予生命的能力，能够很容易进入母体。最初只有生殖来自灵魂的说法，不存在父亲生殖的说法。在后来的民间信仰中，这些小动物象征着一个人的灵魂。它在做梦者睡觉时从嘴里溜进去，在他醒来之前再出来。这些小动物最初是灵魂本身，后来当孩子成了灵魂载体后①，它们在完全承认人类父系的情况下才成为男性生殖器的象征。从最初的精神意义演变为"两性"象征意义，再演变为现实的单性别象征意义，这一过程描述了象征形成的本质。

随着对女性在泛灵论而不是原始时期所扮演角色的探讨，这些灵魂动物和图腾动物的全部意义显现出来。到目前为止，我们还没有讨论过女性。她被排除在最早的男性主导的灵魂信仰之外，就好像她没有灵魂一样（正如一些神父所主张的那样）。尽管缺乏对现实的理解，但早期的男性还是无法摆脱这样一个事实：孩子是在子宫里发育的，又是从子宫里出生的。如果这个原始人仅仅

---

① 参见我对"小动物"的分析（Rank 1924b, 16ff），其中对蟾蜍被认为是子宫的象征进行了讨论。

满足于观察而不想得出结论,他就不会去思索胚胎是如何进入母亲体内的。考虑到他对怀孕的无知,观察没有让他想到必须有东西进入女性体内才能孕育出孩子。就像树上开花或者是长出果实一样,孩子也会在母亲身体里生长。从伊甸园到德国民间迷信,在所有的传统中都有这种观念,在《荷马史诗》中也有这种观念。它是一个深刻的人类隐喻,但最终沦落为我们的"家谱"(family tree)中低级的寓言。①

从分娩到有什么东西首先已经进入子宫,这是合乎逻辑的推理,还是一个人对自己胎儿期的模糊记忆呢?从心理上看,后者是一种回归子宫的本能渴望。② 假设在泛灵论时期,人们了解生育过程,但否认生育过程是为了保持他们对永生的信仰,这种假设似乎完全没有必要!无论如何,整个图腾式的灵魂信仰原本都是为了保存一个关于灵肉双重之躯的自恋信仰而创造的。除非人类假设有什么东西进入子宫是为了授孕,否则的话这种图腾式的灵魂信仰是不可能存在的。

我们从后来的神话和民间传说中了解到,死者的灵魂被认为生活或居住在我们可以放心地把它们看作子宫象征的特定地方。许多仪式和传统习俗都声称一个人回到了他的出生地。这个地方无疑是子宫。根据后来的信仰,魂灵(soul-spirits)也是从死人灵魂回归的地方而来的。③ 在图腾式灵魂信仰中,我们看到了亡灵,会待在特定的地方等待重生。在后来的流行信仰中,这样的地方比比皆是:灵魂栖息在每一条溪流、每一棵树和每一个动物身上。

---

① 对"家谱"的进一步讨论,参见 Rank 1926a。
② 参见 Rank 1924b。
③ 我已把材料汇集在一起(参见 Rank 1909, 1911a)。

>> 母亲作为灵魂载体

母系制度的隐秘意义在于，**女性本身似乎是灵魂的载体**。女人就好像是一件高贵的器皿，保存着灵魂，并将其传递给孩子。这一女性概念是第一个具体的灵魂或者超级图腾的人类代表，具有接受死者的灵魂并为其赋予孩子生命的能力。她作为第一个人类图腾代表的角色，取代了动物作为尘世灵魂的载体，解释了她在母系社会结构中的重要性，这体现在后来的母神崇拜中。原本只是灵魂载体的女性进而被提升成为图腾，后来就变成了每个人的图腾身份。禁止猎杀图腾动物是一种自我防卫的形式，可以防止失去自己的灵魂和永生。最初，杀死图腾动物是为了获得新生命的灵魂，就像塞芒人对待图腾出现之前的灵魂鸟一样。灵魂鸟变成了死人的鸟，把他们的灵魂带到天上。这个鹳鸟寓言的教义，现在成了童话故事。它传递给孩子们一个根深蒂固的信念——灵魂来自死亡之地。①

在母系意识形态中，女性成了灵魂动物，承载着死者的灵魂，直到作为母亲，她将死者灵魂复活。作为妻子和母亲，女人就像曾经的图腾一样神圣——像不可能被伤害或杀死的不朽灵魂那样。从起初是灵媒，然后等同于灵魂，到后来女性直接代表了灵魂。这就是普赛克（Psyche）②的含义，也是后来女性灵魂的意识表

---

① 参见我对罗恩格林传说的研究（Rank 1911a），以及关于"天鹅骑士"的灵魂神话。天鹅骑士来自灵魂之地，然后返回到死者之地。

② 罗马神话中的灵魂女神。爱与美神维纳斯妒忌其美貌，计划把普赛克嫁给世界上最丑恶凶残的野兽，结果其儿子小爱神丘比特爱上了普赛克并和她秘密成婚。——译者注

现，我们以她的名字命名科学守护神。女性作为灵魂代表的观念不仅影响了后来各种各样关于民间仙女的观念——这些观念的发展关乎女性——而且也能解释关于婚姻的教会圣礼。根据这种圣礼，男人和妻子须灵肉合一。

母亲生养孩子，并以她图腾的角色在保持自己的灵魂的同时赋予孩子灵魂，这种新的灵魂学说产生了以母系法则为特征的家庭社会组织。在这个体系中，父亲在社会上变得无足轻重（被母亲的兄弟取代）。尽管众所周知父亲在生殖上发挥作用，但孩子仍然属于母亲。血耻的概念，即狭义上的近亲通婚或者乱伦，首先出现在这个阶段并禁止与母亲发生性关系。同样，这样做不是基于现实的考虑，而是基于泛灵论。根据这一观点，母亲受到保护，并不是作为父亲的财产，而是作为不可侵犯的灵魂载体，即一个人自身的永生的保障。在与母系制度同时存在的群婚制度下，没有人反对几个兄弟娶同一个女人，甚至是他们自己的姐妹，因为正如最初的图腾崇拜那样，重要的是灵魂传承，而不是血缘关系。① 这些观念奠定了后来的习俗和法律的基础，但并不是出于现实的考虑，而是源于灵魂。并且，这些观念经常与现实发生冲突。

》自我心理学与性心理学

在母系社会中，后来对父亲角色的承认形成了我们所知道的家庭，我们进入了灵魂信仰的第三个即"人格化"（humanized）的发展阶段。这是由于人们对生殖有了更多的理解和接受。早期人类的第一个问题不是他们的血统而是他们的未来问题，不是对生

---

① 直到后来，血才被认为是灵魂的载体，正如与魔鬼的契约明确揭示的那样。

命的开始感到神秘而是对死亡感到神秘。伴随这一神秘感而来的是对具身灵魂朴素而自恋的信仰，相信具身灵魂会在人们睡眠和死亡之后让有形的自己继续存在。在第二个即图腾崇拜阶段，人们继续保持着对灵魂永生的信仰，但放弃了这种朴素的自恋。人类也像在生殖中所观察到的循环那样轮回。第三个即母系氏族阶段接受了人类的性，表现出对作为母亲的女性坚定的灵魂信仰。

最初，女性作为灵魂载体的图腾角色是她在社会中地位上升的原因。为了拯救自己的灵魂，早期的男性允许祖先的灵魂进入胚胎。他放弃了个人永生的信念，代之以**集体**永生。死亡孕育不朽的灵魂；为了保持这种对自然繁殖的信仰，尽管不是为了最初的个人永生，性被作为通过一个人的孩子（和后代）获得真正永生的次要手段。第一个自我心理学，即灵魂学说或模式，变成了一种集体的性心理学。这是又一次试图通过生物现实来否认死亡，就像人类早先通过灵魂信仰否认死亡一样。

原始图腾崇拜者用至高图腾的精神化身来代表亡灵生命的延续。这种至高图腾从已故者传递给新生儿，再通过死亡传给下一代。与他们严格的社会禁忌（异族通婚等）相反，通过图腾崇拜意识形态，原始人建立了一种可怕的滥交。他们将所有的神灵融合到一个至高无上的神灵之中，这个至高无上的神灵能赋予所有孩子以灵魂，就像下一阶段主宰世界的母亲所做的一样。

在图腾崇拜阶段的至高神灵中，我们可以辨别出下一阶段出现的上帝。他保持了幽灵的本性，在古代文化的具体化趋势中进一步得到完善，并在基督教神话中重获古老的精神意义。基督教直接源自图腾崇拜和母系制的隐秘含义，并有意识地将图腾崇拜的泛灵论特征转化为一种宗教教义。作为对图腾崇拜的心理学解读，基督教展示了图腾崇拜是一种灵魂信仰，从而体现了对不朽灵魂的坚定信仰。为了理解精神现象，我们必须对新的发展形式进行比较，因为新的发展形式对以前的阶段做了更清楚和更有意识的详细阐述，让它们在日益增长的心理复杂性中得以保留。

上帝作为不朽的象征

基督教是在罗马父系制的基础上以及犹太种族的繁衍精神下发展起来的。基督教不再强调父亲的角色，而是回归到神灵授孕的阶段，可以得到永生的是个体的灵魂而不是种族或民族的。耶稣是圣灵感孕的结果，而圣灵的象征鸽子符合古老的灵魂鸟的隐秘解释。正常孕育的孩子生下来就带有原罪，经过洗礼获得灵魂，象征着圣灵的感孕；没有洗礼，他们就会丧失灵魂的永生。基督教徒的性观念就来源于这种神秘的灵魂信仰的复兴。教会不得不加强原始的性禁忌，甚至到完全禁欲的极端程度。鉴于灵魂信仰的存在，性对于生殖来说是多余的，因此成为导致原罪的快乐。在图腾崇拜和基督教的思想中，生命的萌芽和不朽都是源于灵魂，而不是精子或卵子。基督复活了至高无上的图腾之灵，人格化了不朽的灵魂，这使他具有了非人类的特征。作为灵魂，他可以死亡和复活。灵魂则由不朽和短暂的肉体两部分构成，具备死亡和复活的特质。

这种神秘的精神意义解释了基督形象的显著特征，并解释了部分基督教信仰。这种信仰在基督教教义和对《圣经》的注释中有明确的阐述，并在关于基督的传说中被赋予了象征意义。这种精神意义强调的是永恒的生命，而不是为死亡做准备的短暂生命；

信仰不仅带来永生，而且像泛灵论一样，它也是永生的前提。虽然这个阶段与其他阶段有相似之处，但区别更明显。因为存在着从图腾崇拜直接通向基督教的变化，我们必须回顾从图腾崇拜到罗马文明兴起过程中不同民族社会制度的转变。后图腾时代的母权和罗马国家的父权之间发生了彻底的逆转。在新的条件下基督教调整、回归传统的思想，母亲的地位得到了提升，父亲被贬低了，儿子获得了灵魂。

除了图腾崇拜、母亲的神圣化和父权之外，三位一体的基督教还将圣灵的象征身份与圣父、圣子结合在一起。精神（灵魂）的角色曾经（在母系社会中）归属于母亲，之后（在家庭状态中）归属于父亲，现在扩展到儿子。**个体的发展**应运而生，在现代民主国家中我们将它看作母系制和父系统治的产物。我们将在其他地方讨论孩子占主导地位的非宗教时代。

基督教信仰和教义将灵魂信仰从罗马父系国家的物质化和犹太父系家庭具体化的危险中拯救出来。教义宣称：唯有信，才得信。灵魂得救，唯独在乎信，信则永生。罗马人放弃了灵魂信仰，转而统治民众；犹太人将之卖掉，换来一碗红豆汤（《创世记》25:34），目的在于壮大他的部落，保全家族。认为如果人们相信国家和家庭，而不是神话、仪式和教义中所象征的个人不朽的灵魂，他们就会丧失精神上的更高价值。

》基督教作为一种儿子宗教

教会所做的一切艰苦斗争都是为了维护古老的、在神秘意义上象征永生的灵魂信仰。唯物主义和理性主义之间的敌对以拟人化的形式表现在**魔鬼**身上。魔鬼因此代表了不能永生、受到诅咒的灵魂,而与撒旦作战的基督象征着不朽的人类灵魂。在这个阶段,灵魂第一次驻留在儿子身上。他代表着**父亲真实灵魂的一部分**,根据家庭组织的规则,可以永远回归人间。父系制家族开始于流放后的犹太人,在罗马法中其发展达到了成熟的程度。此时,父亲把他的灵魂延伸到他的孩子身上,因为现在他在儿子身上有了一个合法的部分,他愿意为儿子牺牲一切,以使他自己的名字、地位和荣誉永垂不朽。

在基督教中,宗教的灵魂信仰从一个人奋力拯救自己的灵魂到灵魂因他而得救。但是,这种信仰在法律和社会制度中的体现却威胁着它对个人所具有的神秘意义。为了永生,千百年来人们冒险牺牲一切。如果丧失永生信仰,生命本身就显得毫无价值。

过去灵魂总是受到来自内部的巨大危险的威胁,但越来越多的内省最终在现代心理学中确立了理解思想、情感和行为的"因果"动机的科学。正如引言中提到的,这超越了科学,其本质上是解释性和内省性的,也就是心理学性质的。但是,正如国家、家庭和社会作为灵魂信仰的化身从外部威胁我们的灵魂一样,这种心理洞察从内部威胁我们的灵魂。最终,心理学成为灵魂最大的敌人。灵魂被当作对死亡的安慰,并不得不在心理洞察和自我认知面前证明自己的不存在。一方面是"没有灵魂"的科学心理学,另一方面是承载真正灵魂的载体,如果不相信永生,就像在神经症中一样,真正灵魂的载体就会被毁掉。

》精神分析的立场

精神分析的出现是为了拯救唯物论时代的人类灵魂。这个时代的人因自我意识而痛苦，并受到丧失对永生信仰及其公开表现形式——宗教的威胁。它的伟大之处在于它以我们这个时代的思维方式做到了这一点，不像过去那样简单地以通俗的方式将灵魂符号化或具体化，而是试图用科学的方法来证明它。但现实心理学是灵魂的丧钟，灵魂的来源、本质和价值恰恰存在于抽象、高深莫测和深奥难懂的性质之中。

精神分析告诉我们，原以为已失去的灵魂仍然存在。但是，我们必须抵制精神分析试图证明灵魂时所用的科学方法。从本质上讲，这种论证只能是失败的，因为它得出这样的结论：灵魂的存在不能被证明，就像上帝的存在不能被证明一样。在验证的过程中，灵魂就像炼金术士蒸馏罐里的贵重物质一样蒸发掉了：沉淀下来的不是金子，而是残渣。虽然在治疗中我们仍然能找到拯救灵魂和精神生活的清晰愿望，但是，通过精神分析，人们试图抓住他们需要和想要的东西。在这"**没有灵魂参与的心理学**"中，他们寻求一种科学无法实现的救赎。毕竟，只有当精神分析能够维持人类对灵魂的古老虚幻信念，并能提供一个没有**心理学的灵魂**时，这种方法才会奏效。

第二章
性时代与心理学

> 海伦并没有被潘多拉魔咒所迷惑,仅仅是把自己作为专属财产献给了一个男人。
>
> 约翰·巴霍芬

如果我们考察灵魂概念是如何从个人永生的信仰发展而来的,那么就像前一章所描绘的那样,很显然,相比于古代或现代生活,性在原始世界观中所扮演的角色大不相同,而且在某种意义上性不那么重要。根据人种学家的看法,"没有宗教信仰"的最原始的民族却有一个既定的社会秩序,包括非常有规律的性生活。在每个文化阶段,无论多么原始,似乎都存在着某种性限制。因此,至今还没有人能成功地证明为什么在原始人中存在着滥交。

理论是思维进化的产物,20世纪的人们非常重视这一观点,在把人类和动物相比时,只要对人类有利,就会欣然接受这一进化的结果。对包括高等类人猿在内的动物王国的更深入研究表明,许多动物实行一夫一妻制,或者有比我们所认为的滥交更为规范的性生活。① 关于放纵的性行为的错误假设也不可能源自想要重获某个原始天堂的愿望，因为在现存的任何传说中都没有发现这种幻想。即使是当代的经验也能告诉我们，与原始文化中死板的性禁忌相比，滥交不会给个人带来更大的幸福。因此，这样的禁忌现在也依然存在。

通过观察与研究，我得出的结论是：人类性生活的发展不是从原始的滥交到越来越多的限制，而是恰恰相反的方向，即从过去在生理上遵循发情周期、在心理上遵守灵魂信仰，演变到个体拥有更多的自由。从灵魂信仰角度看这一演变是一个新的视角，对此将在下面作简要阐释。

性意义的发现或许可以被认为是人类历史上的一个决定性转折点。为了以示区别，我们可以称之为"性时代"（sexual era），这是继不被生存竞争和死亡恐惧所主宰的原始世界观之后的演化阶段。正如我曾经想表明的那样，原始世界观建立在对自我永生的纯粹信仰基础上。随着对死亡的逐渐认知，这种信仰得以扩展，即不朽的有形灵魂作为自己的灵肉双重之躯而存在。性意义的发现是伴随着对个体永生痛苦的幻灭而产生的：当我们的祖先不情愿地接受性行为，以生殖来抵消他们的死亡时，他们就承认了死亡。

在原始世界观中，性和生殖是严格分开的。生殖不是来自性交，而是已故者的灵魂进入女人的身体，"仅仅是"永生灵魂的重生。性禁忌与其说是对个体的限制，不如说表达了永生的原始信仰。因此，禁忌不是限制而是保护。这种态度使原始人比我们更有优势来控制性。原始人有无须解释的禁忌，因为禁忌保护了自

---

① 对此特别杰出的综合性研究，参见 Miller 1928。对动物习性的一般性介绍，参见 Alverdes 1925。

我，而我们的感觉是受到了来自外部的限制。犹太-基督教的教义使性对生殖的认同成为一种宗教信条。基于此，现代科学在性与生殖之间建立了因果联系。在精神分析中，我们看到这一谬误教条带来的影响：在生理上是第一位的性，在心理上也必须处于领先地位。但性在人类历史上的重要意义，既不是来自它的生物生殖功能，也不是来自它在爱情关系中的心理作用，而是来自它与灵魂的关系——以生殖永生取代个体永生。

性的这一角色在古典世界观中达到了顶峰。它在宗教中的神秘意义和在神话中的地位使灵魂和性被描绘为同等重要，直到后来基督教重新将两者分开。但那时性作为快乐来源的心理意义已经同样渗透到生物学和精神领域。当然，这只是概述了我的观点。在意识的不同阶段发生的各种冲突将展示更多的细节，每个阶段都由一个或另一个因素起着主导作用。

》性的角色

在人类灵魂的历史中一直存在着以自我为中心的永生愿望。这一愿望支配着原始世界观，尽管它后来以性的形式、最终又以科学的意识形态表现出来。我们发现在某些原始的仪式和神话中已经开始显现性时代的发端，伴之以因果关系的科学观察。尽管不可避免地存在着各时期之间的重叠和过渡，但以死亡概念为主导的原始世界观主要是通过宗教、道德和社会组织结构等社会制度来寻求尽可能长久地保持个人的永生。

古代哲学（在埃及文化中最为明显）揭示了两种世界观的冲突。这种冲突是以希腊文化中英雄个体战胜了诸神及他们的道德信条而告终，但同时英雄孤立无援，悲惨死去。罗马帝国主张在社会规约和法律上充分承认性，将性作为生殖永生的途径，就像犹太人一直以来虔诚坚持的那样。基督教反对过度具体化灵魂及其对个人永生信仰的威胁，并试图将这两个概念统一起来：以性为手段的生殖永生（在儿子的神圣化中）和个人灵魂的永生（在宗教仪式和末世论中）。

这两种概念非常接近，因为灵魂在本质上是不朽的，不需要首先通过授孕而赋予孩子。这两条通向永生的道路在圣灵感孕的教义中是统一的。在埃及文化中也发现了类似的内容。然而，埃及文化更多地表现出这两种倾向的相伴存在，因为灵魂还没有被等同于有形的灵魂，即古埃及人的灵魂（ka）。因此，人死后被做成木乃伊以保证个体的永生。与此同时，宗教崇敬和因生殖永生而引发的女性获得较高的社会地位在轮回转世的观念中体现得最典型，就像在奥西里斯神话和伊希斯崇拜中那样——这些都是基督教的雏形。

我们也可以在此找到乱伦的概念，它代表了一种通过进入母亲并重生而在自我中将个体与生殖永生结合起来的一种尝试。这种在古代为少数人保留的新出现的（性时代的）个人永生，后来因为太过利己主义而被摒弃。个体对永生的主张再次被归入集体（社会）途径，如宗教、道德和受到限制的性（婚姻）。在与魔鬼的契约中，以及包括乱伦仪式在内的魔鬼崇拜中一再出现这样的现象：孤立的、意志坚强的个体想要获得更多的永生。

个人永生信仰是我们自我意识最深处的重要部分，以至于我们会从集体的道路中挣脱出来，以个人的方式获得它。宗教的、性的和社会的组织——本书前三章从灵魂信仰的角度来审视——

利用集体的途径来弥补丧失的个人永生，但人们还是不断地试图在个人努力中使自我永生。在本书的后三章，我将这一永恒的现象视为个体在梦、生活和工作中表达他们的意志来探讨。就目前而言，我们只希望揭示追求自我永生的个人意志与永生的集体灵魂之间的根本对立，然后证明在很大程度上这两者在性方面是一致的。在接下来的章节中，我将探究为什么过去性作为救赎之路是失败的，而且在今天更加如此。

》性与焦虑

回顾前性时代对性的不同看法，我们发现性是某种内在事物的象征，而不是像现在这样是某种真实的东西（例如与异性的关系）。这一概念与推翻了另一种进化偏见的研究发现相一致：今天的人种学家认识到，原始人的世界观是"魔幻性的"，不像我们的世界观那样真实。也就是说，对早期人类来说，包括宇宙在内的一切真实事物都与自我相联系，并确实被自我所控制；我们创造了一个与自我一致的现实，但却将之描绘为一个外部世界。从广义上讲，这不仅涉及现实的方法层面，更涉及道德层面。我们感到被各种各样的外在限制所束缚，这些限制不仅表现为外在的禁止，而且也表现为因自我保护而产生并被原始人接受为自身之一部分的那些限制因素（即禁忌）。在前性时代，性的主要特征是精神上的，而不是生物上的（生殖）或心理上的（愉悦）。但当男人的灵魂进入他的孩子时，这就意味着性的危险，意味着对永生的威胁。今天我们发现这种原始的焦虑——从根本上说是对死亡的焦虑——在"神经症患者"中得到充分发展，作为他们执着于自我中心的永生信念的一种表达。而对于这种永生信念，人类从未完全放弃，或许也不能完全放弃。

性阻抗（或焦虑）对个体来说是很自然的。它源自内部（而非外部），是利己主义的而非道德的。它用对永生原始的、前性时代的信仰来表达对死亡的焦虑。就性行为不被接受为获得生殖永生的一种手段而言，它被视为一种自我毁灭。即使在儿童身上，自发性的焦虑和负罪感也证明了这一点。弗洛伊德称之为"真性神经症"（actual neuroses），即成年人对性表达的焦虑和负罪感的反应。今天我们知道，没有外部阉割威胁造成这些焦虑反应：它们是自发产生的。它们的起源不为人知，因此就被解释为是"有原因的"（causally），即来自外部影响。然而，我们只能从精神层面来理解它们，不是从因果关系的角度，而是从由此引发的灵魂观角度来理解。

同样，在性时代婚姻使性生活成为可能。性作为通向永生的途径得到承认，并在宗教上得到合法性。从灵魂信仰的角度我们无法解释的是不仅在神经症患者中，在很多人身上都发现了性阻抗。不过，我们能看到这种阻抗该如何被克服：具有朴素永生信仰的自我阶段产生了性时代，带来了对生殖永生的认可，把性当作达到这个目的的手段。因此，这种转变也来自灵魂信仰，目的在于竭力去保护正在消失的个人永生信念。

授孕与生殖

这里出现了第一个悖论，我们接下来还将看到更多这类变化、逆转和矛盾。尽管宗教、道德律法和科学试图使生殖等同于性，但在原始的前性阶段观察到的生殖和性的最初分离仍然存在于我们的情感生活中。然而，这两个方面的精神意义却在个体和社会发展的各个时期交替变化。在原始世界观中，授孕是独立于性行为、依赖（死者的）灵魂的。性被认为是在特定时间和特定条件下进行的一种自然的、令人愉悦的活动。性时代摈弃了这种单纯、寻求快感的性行为，导致性沦为通过授孕（生殖）获得生殖永生的一种方式。

在原始时代，性可以具备除生殖之外的任何意义，因为生殖威胁着个人的永生；而在性时代，性的唯一目的就是生殖，因为它保证了生殖永生。我们现在可以理解，我们对所谓的原始性自由的渴望，是为了重新获得性自由所表达的对永生的朴素信念。但性自由只是原始世界观的一个副产品，原始世界观的核心是将性与授孕、生殖分离开来。今天，"神经症患者"对性自由的渴望实际上表达的是对一般自由的向往，尤其是对摆脱婚姻束缚（受控制的生殖）的渴望，尽管一旦个人的愿望得到满足，这种自由就会失去意义。因此，丧失肉体上（死亡）的和精神上（永生）的自我都会引起最基本的焦虑。这种焦虑会自动地控制性行为，用负罪感来惩罚每一次的乱性行为。

即使是神经衰弱患者为性功能障碍给出的原因——失去精液会变得虚弱——似乎也呼应了这种对个体永生的原始担忧。原始人就像现代运动员一样，为了不浪费精力而禁欲。在我们考察为了精神意义而有意、自觉接受的性节制和重大的阶段性变化之前，我们需要探讨一下人类这种不涉及繁衍和性行为的性驱力。

现在我们发现可以从灵魂信仰角度阐述所谓的"反常"（perversions），弗洛伊德将其描述为性冲动中固有的满足倾向。首先，与其在古代，尤其是在古代晚期所扮演的角色相比，性反常行为在原始世界观中非常微不足道。例如，在原始时代，虽然动物授孕被认为是纯精神层面的，然而我们却在埃及人的阿蒙崇拜中发现了对这一灵魂概念的物化——这在性时代是非常典型的现象：赫里奥波里斯的公牛（由在位的法老所代表）使他的妻子怀孕，她因此成为神圣的母牛哈索尔①的代表。在克里特-迈锡尼的人身牛头怪和化作公牛的宙斯劫持欧罗巴的希腊神话中，我们发现了同样的动物灵魂载体的性具体化过程。这种宗教祭礼作为神圣的婚礼习俗（*hieros gamos*）经由亚历山大港进入希腊文化，诺斯替教派把它变为性狂欢。然而，公牛崇拜蕴含的力量概念不是来源于物质上的，而是精神上的力量（即神力，mana）。这种力量概念后来转移到上帝、牧师或国王身上，清楚地证明了这一点。

性与灵魂

经由动物崇拜，我们可直奔献祭动物的主题。吃这些动物具有同样的意思，即得到灵魂力量的神秘物质，这就使男人让女人受孕而不用担心失去自己的力量。就像大多数后来被证明有用或实用的发现和发明那样，现在肉类因能提供营养而被人们认为有益处，但对于原始人来说则是因为肉类有某种魔力而备受珍惜。即使是对于食人族来说，吃人肉喝人血也只有在特定的情况下才会发生，只是表达象征意义，基督的肉身仍然象征着个体在集体灵魂中的部分。吃有营养的食物一直是为了摄取灵魂物质。在性时代，这种最初被认为是构成每一种生物的灵魂物质具有了性意

---

① 埃及神话中的爱神。——译者注

义。我们当代吃肉这种习俗变得如此普遍，恐怕只有从食人族的角度看才是"反常行为"。在食人族那里，集体永生体现在社会之中。①

在某些诺斯替教派的仪式中，以及某种程度上在中世纪的魔鬼崇拜中，吃掉精子发展成了一种精液崇拜。保存精液来防止力量丧失的基本理念已不复存在。在此，将性时代与原始时代区分开来的理念就是确保精液不被"滥用"，即不被用于授孕。这是通过自我受精（吞咽）来完成的，代表着从性永生向个体永生的转变。这种尝试比乱伦（见上文）更激进，诺斯替教派和魔鬼仪式中的精液崇拜就是以这种方式而与乱伦产生密切联系的。我们发现用口腔授孕的方式存在于古代的性意识化灵魂信仰之中，而不存在于原始的灵魂信仰之中。这样的授孕方式源自节省精液的自我授孕，这与呼吸的灵魂意义相关，因为在《圣经》传说中呼吸是一种授孕象征（生命之气息）。然而，在民间传说、童话和儿童信仰中，这些关系的起源，以及它们的持续存在，都可以用灵魂这个朴素的概念来解释，也可以用人类对放弃永生教义的坚决抵抗来解释。②

在性时代，生育意识形态面临的威胁是如何防止（个人灵魂的）救赎概念（永生）的瓦解。人们是否像今天的孩子一样，对性和授孕之间的联系一无所知，这并不重要。需要解释的是为什么在人们知道它们之间的联系后依然坚持灵魂信仰，这在古代确实是这样。在民间传说和成年人中，我们看到的情况正好相反：

---

① 我之前也表达过类似的想法（Rank 1922a）。
② 参见 Rank 1911b。接吻似乎也来源于对口腔授孕的灵魂信仰。也许意大利语表达方式 *donna basata mezza ciavada* 应该这样来理解：受孕实际上是通过接吻实现的，这之后的性交几乎只是一种形式而已。

正是因为性时代对这种联系的认知和接受，个体才有意识地、故意地追求并坚持这些"反常行为"。在性的世界观的背景下，这些反常行为让人们有可能从集体中获得自己的那部分永生。因此，这些做法受到了社会的谴责，个人的负罪感似乎也不可避免地与其性反常行为联系在一起。

因此，这些"初期的"性理论和性实践的持续存在源于它们的精神意义，而非力比多上的（libidinal）意义。它们之所以深入人心，是因为在接受性的世界观时，它们使人们对个体灵魂的信仰得以持续。考察这些性反常行为在何种程度上源于对灵魂的信仰将是非常有趣的。毫无疑问，那些性反常行为也存在于某些古代世界观和与灵魂信仰有关的崇拜中。

从这个角度来看，希腊人备受争议的同性恋似乎更容易理解。对希腊人来说，女人作为母亲，在性时代兴盛时扮演着尊贵的角色。然而，鉴于在希腊文化中占主导地位的灵魂信仰，她的地位超越了她的性角色，因为她受孕于神而不是男性。因此，男人以妓女而不是孩子的母亲来满足他的肉欲，以此来保护自己的灵魂。在恋童癖中，我们看到人们与其说是对性的重视，还不如说是对性的产物——儿子的重视。一个人的自我和灵魂都在儿子的身体里，基于这种观念，基督教通过对圣子的崇拜使之精神化。在希腊语中，恋童癖实际上表示"灵魂的友谊"。成年人想要植入少年身上的正是他自己，或者说是他自己的灵魂。这就是精神分析在所谓的同性恋和自恋之间建立的紧密联系，这种联系对应着"同性恋"的灵肉双重之躯的消极一面（神经质）。在授孕过程中，一个人尽量按照他自己的形象（在精神上）去创造他灵魂的鲜活形象——物化自某个（理想化）自我（ego）的灵魂。不仅仅是在他们的恋童上（参见后面的关于普赛克的神话），在其他地方也一样，希腊人强调的是灵魂，不是性，这使他们在性时代的不同民族中显得与众不同。

》意识形态的影响

性时代给我们带来与在原始时代所看到的一样的现象：一个由男性创造的世界或世界观。我称之为"世界观"是因为现在进一步影响我们生活的基本事实变得日渐清晰：民族和个体一样都生活在意识形态之下，但也被意识形态摧毁（更严重的是被意识形态的缺乏所摧毁）。意识形态表达了生命力，揭示了我们如何面对生活的基本要素。像一个人的死亡一样，一个民族也会随着它在一定时期存在的意识形态的逐渐瓦解而走向灭亡。通常，丰富思想的瓦解总是发生在一个民族的真正灭亡之前。不过，其间的间隔通常很长以至于这种联系被忽视了。可以说，没有财富，个体和民族的生命力会不断消耗，而这种生命力在缺乏意识形态养分的情况下就会萎缩。

原始时代的世界观完全是男性化的，只看重男性和他的永生。社会贬低女性，这种情况过去是、现在仍然是基于妇女缺乏灵魂（例如，就像坏女人与妓女的主题一样）。从性时代开始，女性对男性创造的世界观产生了一定的影响。在埃及，灵魂崇拜（图腾授孕和木乃伊化）与性崇拜（轮回）相互竞争。女性因母权和灵魂赢得了尊重，并在基督教的玛利亚崇拜中达到顶峰。我们发现在魔鬼崇拜中女性在灵魂和永生信仰所达到的顶峰地位开始下降，直至性被否认，不再作为永生的手段；而在女巫崇拜中，女性的地位则降低到被诅咒的地位。

比较一些典型的传说能说明灵魂信仰从古时的性时代到基督教初期的变迁。不过在此之前，让我们先简单回顾一下朴素的自我时代的视角，以便在许多变化和转变中观察这个原始的基本概念。根据最初的信仰，女人不是受孕于男人而是受孕于某个神灵。死者（祖先）的灵魂将通过这个神灵得以复活。后来，女人扮演了赋予生命者（animator）的角色。正如我们将看到的，男人坚决回避这个角色，因为这威胁到了他的个人永生。男人的想法相对简单：否认他作为生育者的角色，一直到不可能否认的程度，那么只好拒绝这个角色。当然，最初并不是有意识地、故意地拒绝或阻碍显然与性无关的授孕。在性时代保持原始的灵魂信仰变得越来越困难，这导致男性的禁欲。其原因是生育威胁着男性和他的永生。然后女性的角色出现了，变得既重要又复杂。

女性的角色

我们只需要比较一些典型的传说，就可以看到这一重大变化和女性对此的影响。在《多比传》中，我们看到一个虽然算不上原始但很古老的关于禁欲之夜的故事。恶魔阿斯摩迪（Asmodi）相继在新婚之夜杀死美丽的萨拉（Sarah）的七个丈夫，直到上帝派来了多比。最后，多比设法通过遵守禁欲的戒律成功地解除了咒语，而其他人因受魔鬼诱惑没能遵守。在后来的版本中，如果一个男人在第一天晚上禁欲，他就会因屈服于恶灵的诅咒而死，这是性时代灵魂功能的逆转。然而，很明显，在这些后来的版本中，女性扮演着对情节发展极其积极的角色，就像多比传说中所暗示的那样。因为在那时，女人也对男人的死负有责任，尽管精神分析学家解释说，她那心怀妒忌的父亲是他们的掘墓人，是他的愿望导致了他们的死亡。他们因在危险的性行为中失去了灵魂而死。父亲想把女儿留给自己也源于灵魂信仰。这样做代表着他想拯救这个孩子的灵魂，尽管是用性的方式，就像普遍的近亲通婚愿望一样。

比起用性时代的方式讲述近亲通婚，一种流传甚广的说法更清楚地保留了隐含其中的灵魂信仰。① 根据赖岑施泰因的说法②，如果父亲没有子嗣，就可以将他的女儿作为儿子来抚养，而且只能将女儿嫁给在交战中战胜她的男人。然后，追求者必须按照通常适用于女性的程序，经历部落的加入仪式。这一想法无疑起源于父亲，他没有儿子，希望自己在女儿身上继续活下去。这在灵魂时代以她成为男性作为象征，在性时代则以乱伦的性交作为象征。在某些原始部落（如马六甲的一些部落、苏门答腊的巴塔克人、西里伯斯的阿尔弗尔人），父亲首先与女儿发生性关系。这不仅是为了保存他的灵魂（于她体内），也是为了拯救她未来丈夫的灵魂。于是，那个丈夫娶到的是已经怀孕的妻子。

然而，我们在后来的传说中发现，是女儿自己（而不是她的父亲）提出了各种力量或智慧的考验作为赢得她的条件。所有这些都与在新婚之夜对女儿的性征服有关。在这里，这个在《多比传》故事中被描写为被动的女人角色是主动的。在这两种情况下，男人的命运取决于他在旧的灵魂信仰中对性的态度。在多比传说中，他因为屈服于性诱惑而死亡。作为生育者，他失去了自己的

---

① Rank 1926b, chap. 11.
② Reitzenstein 1923.

灵魂。在后来的传说中，如果他屈从于禁欲的旧习俗，也就是说，如果他拒绝承认现在以女性为代表的新的性世界观，他就会死去。在这个阶段，女人要求男人具备之前可以使她受孕的神所具有的品质，尤其是力量和勇气。

这里我们处于性时代的一个发展阶段，关注如何克服根植于灵魂信仰及其永生信仰中的男性性焦虑。与以日耳曼布伦希尔德为代表的强壮、男性化的女人作战真正需要面对的是男性的性焦虑，而不是女性的反抗。男人的压抑真实地反映在一过程中。这也许可以解释为什么许多女英雄具有男子气概，她们只有在代表属于男性的性抵制的情况下才会像男性那样去战斗。这也与这一事实有关，即父亲的男性心理将他本人视为女儿的丈夫，因此很难让女儿屈服。无论如何，我们都看到女儿为了无子嗣父亲的利益而具有男性特征。这是建立在灵魂信仰的基础上的，与她生理上的俄狄浦斯角色正好相反。

》男性的性阻抗

要理解生活中关于性的心理意义，我们必须把性从性时代的描述方式重新还原为灵魂时代的初始描述方式。正如在战胜强壮的女性时，我们发现男性的性焦虑投射为女性的性阻抗，所以在我看来，男性对月经期女性的禁欲似乎只是利用这一现实来证明他的阻抗是合理的。这没有生物学上的原因；正相反，此时的女性似乎更容易接受性行为和受孕。① 月经为男人

---

① 也许贞节之夜的天数（三至四天，在这期间男子必须禁欲），相当于月经的平均时间。[兰克认为月经与排卵期一致的说法是错误的。——译者注]

提供了一个很受欢迎的借口，他可以在危险的女人面前焦虑地犹豫着。这同样适用于处女禁忌，弗洛伊德以同样的方式解释"贞节禁忌"也是如此，即从男性角度对被否认之灵魂的观念进行心理分析（psychologizing）。①

虽然对自己灵魂的极度焦虑贯穿于男人的"审判之夜"的传统中，但是女人的主动部分也不能忽视。就像伊甸园里的邪恶之蛇，她鼓励甚至引诱，代表着夏娃和男性的性冲动，这两种含义与蛇作为灵魂动物（赋予生命者）的原始意义相一致。从男性的角度来看，这在心理上意味着女性的诱惑和性魅力会让男性变得无忧无虑，并拿自己的灵魂冒险。从女性的角度来看，更深层或许也是更实际的动机可能起到了作用，目的在于让女人不受男人的支配，让男人放弃犹豫。

首先开始的是男性被迫承认他的精神父权，这在我们的民法中得到了验证。这种认识来自他克服了用个人永生来换取生殖永生的阻力，而后者起先由女人、后来由孩子代表。这种阻抗自然不会出现在妻子身上，因为她的孩子实际上保证了她的永生，而丈夫只有通过复杂的个人和社会成就才能做到这一点。与此同时，在女性的第一次从男性灵魂信仰中解放出来的努力中，她为她的灵魂载体地位被正式承认而战斗。当这种信仰被性世界观所压制时，女人开始获得她有意义的角色。

从生物学和灵魂的角度来看，女人代表着有生殖能力的性别，

---

① 斯宾塞（Baldwin Spencer）和吉伦（Francis Gillen）将澳大利亚中部一些部落实行的切去阴蒂做法描述为一种巫术仪式，目的在于保证受孕，为发生性关系做好准备。这似乎是夺去少女贞节的替代做法。也许实施割礼的想法也与血的精神意义相关，这就如同通过血统联系建立起灵魂之间的关系那样。因此在灵魂信仰之下，童贞毫无意义。直到性时代童贞才开始受到重视，这时其目的是确保男人可以拥有他的妻子和孩子。

进行着永无休止的抗争。爱尔兰米利安人关于普赛克的神话就是这样的象征。在这个神话中，我们认识到性的灵魂化或精神化开始于古代，只是由教会把这两个领域分开过，然后在中世纪宫廷式爱情中又得到恢复，并在浪漫爱情中达到顶峰。现代科学把对灵魂和性的研究都归入了生物学，这导致了我们不得不用心理学研究今天的爱情。

》聪明而又愚笨的英雄

从一开始，认知因素在整个过程中起着决定性的双重作用，促进和抑制意识的发展。从《圣经》中的人类堕落（指亚当和夏娃违背上帝意旨而被迫离开伊甸园）到童话故事，所有的传统都表现出对性的认知。这些认知在灵魂时代被男性所抵制，在人类的精神世界中也受到抵制，被看作一种由死亡实现的诅咒，即永生的丧失。在著名的神话中，普赛克认出伪装成动物（图腾）和灵魂（隐形）的丈夫，这给他的肉身带来了痛苦和死亡。普赛克认识到爱神厄洛斯的精神意义会帮助他达到永生，而认识到他的性意义则会毁掉他们的幸福，使他丧失永生。

在这方面，我们看到神话和民间故事中的一个典型主题：主人公（英雄）装傻来否认威胁灵魂的性认知。帕西法尔（Parsifal）[①] 的原型是纯洁的佩罗尼克（Peronnik），他利用"迟钝"——不是对性的无知，而是假装没有经验——逃脱性诱惑，因此赢得了神圣的象征——圣杯。[②] 他的继任者罗恩格林隐瞒了他

[①] 亚瑟王传说中寻找圣杯的英雄。——译者注
[②] 参见 Junk 1912。

自己的人类身份,把自己变为一个谜呈现给女人。① 后来的传说围绕着这位聪明的英雄展开,他的天才不在于解决性问题,而在于他足够聪明,尽管他了解并明白性,但是他能够保护自己免受性对灵魂的威胁。

在这整个错综复杂的思想体系中,典型的发展阶段出现在图兰朵传说中。在这里,不是父亲给女儿的追求者安排艰巨的任务,而是女儿自己违背了她的父亲即图兰(Turan-doht = 图兰的女儿)的意愿,给那些追求者出了难题。她的任务不是测试力量,而是猜谜语(这是对洞察力的考验)。让国王和整个宫廷都非常高兴的是,在许多追求者因这位"残忍"的公主而死之后,隐姓埋名的卡拉夫王子(Prince Kalaf)解开了这个谜。我们注意到这位隐姓埋名的王子同情绝望的公主,答应了她的请求:如果她猜出他的名字和出身,就推迟新婚之夜。这里我们看到男性初夜禁欲的主题——王子抵制住了性感的、试图揭开刺探他的真实身份这一秘密的公主侍女的诱惑。在这个阶段,父亲不再与女儿的追求者竞争②,而是跟他们站在一起反对她。换句话说,男人们联合起来对抗妻子从男性灵魂信仰的枷锁中解放出来的最初努力。图兰朵对抗着丈夫,并按照古老的灵魂信仰来控制她的父亲。与此同时,她通过丈夫反抗父亲,因为性时代的新父权剥夺了她的某些自由,把她作为配偶和情人交给了一个男人(父王,sire),就像她以前

---

① 参见 Rank 1911a。
② 在泰尔的阿波洛尼乌斯(Apollonius of Tyre)的拉丁故事中,安提奥卡斯(Antiochus)国王给他女儿的追求者出了一个谜语,这个谜语变相地描写了他和女儿之间的乱伦关系(参见 Rank 1926b)。另一个波斯公主问她的追求者一个问题,涉及她与一个丑陋的巫师的秘密恋情,她把巫师藏在地下密室中,并与他生下了两个孩子(Haxthausen 1856, 1: 326)。在这里,无形的(隐藏的)、动物的(丑陋的)生育后代者与合法的追求者再次形成了对比。

被父亲独占一样。

》女性的性自由

希腊的海伦传说中包含对应另一个文化阶段的类似主题。人们可能会说，这个传说讲述了两个女儿在婚姻中继续为性自由而斗争的故事。正如我在其他地方更详细地讨论的那样①，我们在海伦这种女性身上看到了所残存的母系氏族妇女的态度，以及与之相关的群婚（与兄弟）。后者被摩尔根②之后的人种学家认为是性进化的一个普遍阶段，还有许多人认为这是婚姻（一妻多夫制）的原始形式。③ 海伦传说基本上描述的是一群兄弟与一个女人的婚姻，这在特洛伊的相关传说中仍然显而易见。我们在这里看到狄奥斯库里兄弟（the Dioscuri）④，即卡斯托耳（Castor）和波鲁克斯（Pollux）向绑架了他们的妹妹海伦的忒修斯复仇；归来的阿伽门农（与他的兄弟墨涅拉俄斯即海伦之夫形影不离）被他的妻子和她的情人杀害；尽管类似的传说让其他人（如得伊福玻斯）成为海伦的合法伴侣，但特洛伊兄弟之一帕里斯是海伦法定配偶。在海伦传说的史诗中我们感兴趣的是群婚者之间的公开争斗，而这种争斗源于一种灵魂信仰。在其中，肉体上的父权不发挥任何作用，而新的父权则是在性时代才发展起来的。让我们把这称为丈夫的权利，因为他使妻子怀孕，他坚持要独占他的妻子；而在母

---

① 我将以民间史诗的方式讨论这个材料。为此，我从1917年就已开始筹划此事。在民间史诗中可以找到与这些史前关系的相似事件（参见 Rank 1917）。

② 路易斯·亨利·摩尔根（Lewis Henry Morgan, 1818—1881），美国著名人类学家。——译者注

③ 参见我对这些相关人种学素材的心理学解释（Rank 1926b, chap. 13）。

④ Rank 1926b, 424。

系时代，女人不属于任何一个男人，因为她是集体灵魂载体（图腾）的人类代表。这给了她宗教地位和尊贵的社会地位，为此她在性时代与她的父亲-配偶和男人们进行了激烈的斗争。

男性经历的重大变化可以简单地概述如下：起初他的角色只是性方面的，授孕只能由合适的灵魂载体（神灵、图腾、上帝）来完成。随着性时代的到来，灵魂的载体变成了人类女性（母亲）。这种母权给了女性在社会和精神（宗教）方面如此巨大的优势，以至于男性不得不为自己的永生做些什么，其天然的基础已经被性认知瓦解了。在母系制度中，他的孩子们并不是生殖替代品，因为他们属于母亲，不知道父亲具体是谁。

在此，我看到了一种可以让男性克服来自灵魂信仰的性阻抗动机，并使男性进入父亲的角色，由他的孩子来确保生殖永生。他必须证明他的父亲身份，这意味着他要独占这个女人。就像整个新秩序的其他部分一样，这只会让女人感到悲哀。因此，她要为自己原有的权利而战。她尤其无法接受她的配偶篡夺并替代神圣之父（sire）。从这个意义上说，许多希腊英雄的战斗都显示为男人的权力斗争。这是一种使他的神圣角色合法化的手段，即使他有时被女人打败（例如大力神赫拉克勒斯）。①

例如，最初在神话中，帕里斯保留了他作为神圣父亲角色的一些特点；但在荷马的叙述中，与海伦强壮的配偶墨涅拉俄斯相比，他弱不禁风。在后来的版本中，在帕里斯眼里，最初的诱拐不那么重要了。他像聪明的解谜者一样，拒绝了婚姻女神朱诺，根据古老的灵魂信仰选择了非法授孕对象维纳斯。勒达与天鹅

---

① 这是男人与即将到来的性时代斗争的一个典型的主题，我们将在对吉尔伽美什史诗的讨论中揭示这一点。

（灵魂之鸟）结合后生下海伦，海伦本人则代表拥有母权的女性所体现的不朽灵魂。围绕着这一灵魂，人类、英雄和神展开了激烈的争斗。

》唐璜的形象

现在让我们把注意力聚焦于基督教文化的系列内容，来了解精神化的灵魂信仰方式如何影响了性时代，并导致其衰落。与大众观点相反，唐璜传说关注的是基督教影响下性的精神意义，而不是肉体意义。① 在我看来，唐璜以特殊的形式体现了英雄主义的最后一个典型。在基督教反性主义的影响下，他以古老的灵魂信仰捍卫他对女性的优先占有权。

从这个角度，我们考虑一下唐璜与男人和女人的关系，然后更仔细地审视他本人。就像神圣的赐孕之灵一样，他不与男人竞争。他不会为了赢得女人而杀死男人，就他的本性而言，他超越性竞争对手。他天生的对手不是男人而是女人，对于那些他无法用魅力征服的人，他就用狡诈的手段征服。以合法情人（丈夫）的名义俘获性快感，是唐璜这个角色经久不衰的优势之一。希腊安菲特律翁传说中也有类似的主题。他不是以平等的而是以一个绝对胜者的身份——就像宙斯一样——与那个肉眼凡胎的丈夫较量，因此他必定取得胜利。

合法的情人身份是唐璜这个人物的必要条件。唐璜的突出特点是他不想干掉、排斥或取代丈夫，只想欺骗、偷他的女人。显然，这个角色只是原始灵魂信仰接近末期的形式。在这个时期，

---

① 参见 Rank 1922a。

意志顽强、能力非凡的人代替了图腾和神灵，有权利和义务用他的灵魂物质使女人怀孕。这种权利原本是一种神圣的习俗，后来变成了轻浮的恶习，所以"英雄"不得不用武力从那个丈夫手中夺回，用诡计从妻子手中夺回。

仔细观察，唐璜与女性的关系似乎并不是人们普遍认为的那样。他不太关心性目标（他知道他将有权利获得这些性目标），而更关心上述提及的方法和条件。如果这个女人没有合法的丈夫，就无法吸引他。这个问题并不是弗洛伊德所说的"受损的第三者"（wronged third party）那种轻浮诱惑。唐璜的角色不是把一个女人从她丈夫身边夺走，而是抢在他之前得到她。与一位许配给另一个男人的女人发生婚前性行为原本意味着扮演各种各样的图腾角色——赋予生命的神灵的角色，但绝对不是父亲的角色。出于同样原因，唐璜只想"拥有"这个女人一次，而不是永远。对唐璜传说的文学处理，尤其是在浪漫主义者中，是将他诗意地描述为恶魔。他不太被肉体所吸引，更多的是被灵魂所吸引并为之奋斗。

这种描述包含某种古老的灵魂信仰，其基督教化的元素构成了整个唐璜传说的基础。由于某些浪漫主义者的发掘，唐璜的形象在这方面与浮士德有关。在最初的传说中，浮士德是黑魔法之王，而不仅仅是温顺的学生。歌德是浪漫主义的真正先驱，他首先把浮士德塑造成一个追求真理和个性的高尚斗士，将恶魔的部分分离出来，并将其作为诱惑者展现在世人面前。相反，唐璜形象的本质是英雄中的魔鬼，他的人性特质存在于他的奴仆身份和灵肉双重之躯中。[①] 这种密切的关系实际上是唐璜和魔鬼之间的一种同一性。这种关系似乎很明显（除了在一些文学典故中），研究

[①] 参见 Rank 1922a。

该作品的学者们不会看不出来。没有发现这一点的原因之一可能是我们对魔鬼的意义知之甚少。也许，一旦我们从原始的灵魂信仰及其转变中看到了这种同一性，唐璜的形象就能比宗教更能告诉我们它的本质。

魔鬼的性角色

起初，唐璜的形象与我们所知道的魔鬼并无二致：表现出放荡不羁的生活欲望，尤其在性方面。但他与不朽的灵魂——古老的灵魂信仰——之间同样重要的关系只能通过他的这一性特征来理解：他作为性时代的残存势力，在与新的基督教灵魂信仰的斗争中败下阵来。在教会将灵魂从性的束缚中解放出来，宣称神灵授孕伴随着灵魂不朽之后，神将灵魂赋予生命刻上了魔鬼淫乱的烙印。因此，魔鬼变成了邪恶的、被禁止的性的人格化形式。由此，对来生的信仰重新确立了，魔鬼得不到永生。

因此，魔鬼象征着注定死亡的性时代的灵魂，就像基督教上帝在重生的儿子身上塑造不朽的自我一样。精神上帝必须具备性时代的一些特质才能生存。因为这些特质与新的观点相冲突，古时的灵魂之神（soul-god）的一些特质（例如，动物性：角、尾巴和爪子）贬值了，成为魔鬼的属性。魔鬼代表堕落的性意识化的灵魂（sexualized soul），它源自基督教永生信仰，正如上帝代表生殖永生的灵魂概念那样。这些角色最终完全颠倒了：亡灵的授孕行为，尽管被认为是纯粹精神上的，在性时代经由对父权的承认而被看成与性相关，直到最后，在基督教中，性授孕被认为仅仅是肉欲的暂时满足，没有任何精神上的意义。

我们在唐璜的形象中看到了在灵魂信仰这个阶段。在新的基督教灵魂信仰中，他同时代表了负责授孕的古代神圣英雄和魔鬼受诅咒的性行为。我们必须把女性在这种情景中所扮演的角色与前面的主题联系起来。

随着性时代的开始，女人开始反抗她的父亲及其占有，然后是她那要求同样专有权的丈夫。在唐璜的传说中，她与她的情人兼父亲（sire）斗争，虽然她曾经是他的盟友（例如在海伦神话中）。要理解女性态度的这种变化，我们必须了解随基督教逐渐发展而来的两性间的爱情体验。基督教产生于逐渐去精神化的原始社会和古代无神世界。在这样的环境中，每一个普通人最终都成为生育之神的世俗代表，每个女人都是灵魂的载体和保护者。换句话说，魂灵的尘世代表——丈夫与妻子——不仅赋予孩子灵魂，而且作为爱的伴侣赋予彼此灵魂。在这里可以找到精神之爱的起源，以及理解它为何出现在（普赛克式的）民间故事中。故事中男女主人公赋予被施了魔法的动物形象的情人，或者没有灵魂的情人以灵魂，只要没有人超越底线去窥视恋人原来的人类形象。

》灵魂之爱

在揭示其"真实形态"（true form）的唐璜传说中，女性需要为自己的精神权利得到承认而斗争。因为这个魔鬼似的主人公只追求性快感，不履行他的庄严的生殖角色，他不仅欺骗了孩子，在这个道德和社会秩序的阶段，也欺骗了女人。在对唐璜的文学描写中，女人复仇的原因不是性的背叛，而是灵魂的背叛。这种被女性视为"耻辱"的背叛，成为男性荣誉观的一个重要方面。与这种女性化意识形态相一致的是，在所有有关唐璜的作品中，男主人公通常因初恋而死。他对他的初恋并"不忠诚"，因为他欠她的是他的灵魂。男人执着于旧的信仰，想要逃避授孕的责任，却无法拯救灵魂，因为没有女性化的性意识形态，灵魂就无法存活。

一开始，女人相信男人会**永远**拥有她；但现在，这种信念不再驱使女人屈服于先拥有她的男人。在有关唐璜的作品中，我们看到女性第二次尝试从性时代的灵魂信仰的压迫中解放出来。这一次不是针对父亲和丈夫（就像在海伦和图兰朵的故事中一样），而是针对不合法的情人。他的角色从精神上转到肉体上，从神圣的转到邪恶的。情人被证明是来自古老灵魂时代的神圣之父在肉欲领域扮演的角色。他的这一精神角色解释了许多三角恋爱中看似难以理解的情况。

一直与我们的社会道德息息相关的这种性关系的转变，源于男人创造的灵魂信仰。女人在这种信仰的逐渐压制和转变中起着重要作用。最初，在把自己交给她的凡人丈夫之前，她受孕于神圣的灵魂或其人间的代表。这不仅是女人的责任，也是一种宗教荣誉。从丈夫坚持这一习俗（以保持他对永生的期望），到女人对这一习俗逐渐加以抗拒，这一过程中产生了一种新的对婚外性的道德评价。当男人的灵魂信仰变得"不合法"时，他就坚持在婚前和婚外性行为中保留对这种信仰的默认特权，而女人和母亲则从这种在精神上空虚的出轨中畏缩。如果早期的特权阶级的男人们（牧师、国王、英雄）只是神圣灵魂的性工具，那么现在处于被贬低的阶级的女人们（女巫、妓女）则成了追求没有灵魂的性快感的工具。

这是从古老的灵魂信仰中衍生出来的一种彻底的道德和精神上观点的转变。在早期，男性分为两类：一类是在女人结婚前通过他们特殊的灵魂力量使其受孕的，另一类是和她发生性关系的。后来，女性被划分为两种性类别，区别也同样明显：一类是妓女，继续为旧的、被取代的男性灵魂信仰服务；另一类是那些被男性承认为子女母亲的女性，在新的性意识形态下，男性不得不将自己的灵魂奉献给她们。

随着对唐璜作为一个人格化的魔鬼形象/人世间的魔鬼形象的讨论，我们从原始的灵魂信仰，经由对该信仰的性意识化，进入了当今的心理时代。从原始舞蹈、祭祀到希腊悲剧，在宗教仪式和祭礼中，精神（神圣）过程的人格化代表发挥了主要作用，并在基督的故事中达到了戏剧性和悲剧性表现的顶峰。在我们现在看到的**戏剧化**阶段，我们迎来形式上的一个新的、重大的发展。唐璜，因其与魔鬼的联系代表被谴责的性意识形态。他让我们意识到，在这个新时代，不仅有一种以人类的名义来代表旧的、传统的灵魂象征的企图，而且还试图使它们**人格化**——这是为了合理地描述它们，并且以一种我们必须称为心理学的方式解释它们令人费解的品质和行为。用动机来解释遵循了时代的精神，对此剧作家有意识地进行了描述，却又无意识地反映了灵魂之来源。

》莎士比亚的心理刻画艺术

在第一部唐璜戏剧出现在痴迷巫术的西班牙的时候，进行着宗教改革的伊丽莎白一世时期的英国戏剧艺术达到了前所未有的高度。尤其是在莎士比亚身上，我们看到了标志着心理刻画到达顶峰的戏剧传统。如果我们更仔细地审视他作品中的艺术性和内容，我们可以看到，就像唐璜一样，早期小说和戏剧中的神话或历史灵魂内容，现在被剧作家充分人格化了。莎士比亚从传统中借鉴了不同灵魂类型的心理特征，并赋予它们人类的形象。由于灵魂意义令人难以理解，莎士比亚帮助我们从心理的角度理解其中的动机。莎士比亚把原始的灵魂主题（后来在人类行为中表现得很明显）表达为某些性格类型，因此他成为第一个西方心理学家。科学心理学，尤其是性格分析，仍然在他的作品中有用武之地。

在此为了提供详细的证据，我们需要研究莎士比亚的素材来源、年代和个人经历。[①] 我需要明确灵魂信仰从性时代通向心理时代的发展路径。在乔凡尼·菲奥伦蒂诺（Giovanni Fiorentino）的小说中，人们可以看到有关男性初夜禁欲以及女性在其中所扮演的角色的内容。乔凡尼·菲奥伦蒂诺的小说触及了这一古老的灵魂母题，莎士比亚以此为基础创作了《威尼斯商人》。[②]

在这个故事中，一个威尼斯商人发现因资助了他的养子詹内托（Gianetto）去追求美丽可爱的贝尔蒙特女士（Lady of Belmonte），自己身陷债务。第一天晚上，贝尔蒙特女士给追求者们下了药，第二天早上就把他们赶走，抢走了他们所有的财产。这个固执的年轻人受美丽的女士的迫使两次不得不禁欲。根据原始的灵魂信

[①] 我希望在本书的稍后部分以一种全新的方式分析莎士比亚。

[②] 参见 Simrock 1831。这是《佩科罗内》（*Pecorone*）第一天的第四个故事，大概源自《罗马故事集》（*Gesta Romanorum*）。

仰,这种克制代表着男人的愿望。第三天晚上,由一位女仆提醒,他避开了安眠药,赢得了这位女士。他小心翼翼地保护自己的灵魂,只有在禁欲之后才会放弃性阻抗,以遵守灵魂信仰的原则。

夏洛克与魔鬼的约定

如上所述,如果我们将男性对灵魂焦虑的"解释"投射到反抗的女性身上,那么在《威尼斯商人》中,这一性主题就被彻底消解,取而代之的是"小说式的"盒子选择。这是在以象征的手法保留与原来主题的联系①;男主角留下两个盒子没动,只打开了第三个。此外,整个情节,包括交织其中的有关鲍西娅的情节,都作为背景来陪衬夏洛克这个角色。在小说中夏洛克以人的形象出现,但并没有被赋予灵魂或心智。这使他成为魔鬼的化身。事实上,经过更仔细的观察我们可以发现,情节中备受争议的复杂法律条文实际上是一份与魔鬼签订的正式协议。通过该协议,灵魂被当作金钱来典当。而备受批评的诡辩式结局,并不是由于"天神下凡"(deus ex machina),而是由于"凶神解围"(diabolus ex machina):魔鬼被骗走了自己的利益,于是很自然地,想要的不是金钱的回报,而是以鲜血为象征的基督徒的灵魂。不信仰灵魂不朽的这位犹太人,更适合被描写为金钱恶魔,就像亵渎神明的唐璜更适合被描写为性恶魔一样。

和唐璜一样,重要的是这些明显的关系没有被更早地认识到。这表明了传统是如何将作品人格化的,以及莎士比亚是如何塑造他的角色的心理特征的。这种需要作家个人才能的艺术首次出现,

---

① 参见 Freud 1913。

当时，在基督教的影响下，逐渐衰落的性意识形态被灵魂教义（心理动机）所取代。因此，我们不应对在西班牙和英国剧作家之间找到另一个相似之处而感到惊讶。在《哈姆雷特》中，莎士比亚对古老的灵魂素材进行了性格学诠释。这些素材在《唐璜》（Don Juan）中也发挥了主导作用，那就是复仇，或者是一个在坟墓中得不到安息的被谋杀者的复仇。毫无疑问，这位"石访客"（stone guest）与哈姆雷特的父亲的鬼魂不仅在外表上，而且在思想上均有相同之处。①

在《唐璜》中，唐娜·安娜（Donna Anna）为父亲的死复仇，因为他父亲没有儿子去这样做。哈姆雷特并不是没有能力完成同样的任务（虽然他最终完成了），他只是犹豫要不要报仇。传说用神话来讲述这种犹豫，剧作家则从心理上描绘它。莎士比亚对哈姆雷特问题的解释没有超出他自己的范围，因为他呈现的是对一个被遗忘已久的灵魂意义扩展的性格分析学和心理学解释。弗洛伊德也没有发现这个灵魂意义，他实际上将之埋没在俄狄浦斯情结中。莎士比亚通过刻画一种犹豫不定（忧郁、神经质）的性格类型，为主题和主人公的塑造提供了这种心理状态。这只能说明他犹豫不决，却并不能解释哈姆雷特为什么犹豫。弗洛伊德在性时代的意识形态中为潜在灵魂母题找到了一个原因，并不得不引入在那个时代产生的俄狄浦斯神话来进行阐释。但是，鉴于传统用神话的方式来揭示基本灵魂信仰（体现为装傻的主题），剧作家从性格学（基于心理抑制）的角度加以阐述，而精神分析则用性的灵魂意识形态（乱伦的愿望）进行解释。

我们可以从被杀者的幽灵中看到灵魂母题。他的永生是一个诅

---

① 我已阐述过这些相似之处（Rank 1922a）。

咒，因为灵魂被束缚在尸体上，不能转世。这唤起了儿子向谋杀父亲的凶手进行血腥复仇的责任，而凶手又反过来将这个儿子交给了为他复仇的人。通常，通过无休止的相互残杀，仇恨进一步导致家庭和部落的灭绝。我们可以在希腊神话（坦塔罗斯的儿子们，Tantalus's sons）、北美印第安人中，以及在意大利文艺复兴和其他地方找到这方面的例子。哈姆雷特被推定为血腥复仇者，面临着不断被杀的危险。他拖延复仇至少是为了延长自己的生命。①

》哈姆雷特的形象

我们发现这个主题与更深层次的个人主义有关。传统的传说通过装疯卖傻的神话主题来描绘哈姆雷特的动机。装疯卖傻无疑是一种自我保护，因为主人公宣称自己不适合去完成强加于他的任务。这就像聪明的奥德修斯在与阿特柔斯的儿子们争夺被诱拐的海伦时假装癫狂一样。（海伦对他来说算什么？）就我的意志心理学而言，这根本就是一种拒绝履行责任的表现，一种以无能为借口的不情愿。② 在戏剧中，哈姆雷特的作者利用扮演傻瓜的传统策略来刻画他的主人公。基于心理上的一致性，莎士比亚从假装的癫狂中构建出一种近乎真实的癫狂，一种神经抑制型的性格类型，表示他现在**无法**做他以前**不会**做的事情。当我们关注主人公的意志冲突时，问题就内在化了。剧作家也认为这个问题纯粹是内部的，从哈姆雷特为什么不能复仇的问题转移到他为什么不愿意复仇的问题。在拒绝履行血腥复仇的职责时，我看到了**儿子反**

---

① 参见 Kohler 1884, 1885。
② 参见 Rank 1929c。

抗父亲对自己生命和灵魂的控制权。

要从整个发展历史的范围和意义上理解这一点，我们必须考虑永生在性时代是如何变化的。在我称为"英雄诞生的神话"（Rank 1909, 1922b）广为流传的传统中，处于母系过渡阶段的父亲以不同的方式反对儿子——他拒绝放弃个体永生而去选择生殖永生。在绝望中，他试图杀死婴儿或将其暴露于危险之中（expose the infant）。这种行为与原始灵魂格格不入，但在"文明"民族的英雄传统中发挥了重要作用。在原始灵魂中对精神继承者——他的孩子的任何反抗，都以相反的形式表现在灵魂时代的心智状态中，如产翁风俗（couvade），或"男性坐褥育儿"（male childbed）。这种前文明的普遍做法与性时代的婴儿暴露（child-exposure）形成了鲜明的对比。对此，我认为父亲在精神层面的反应是自然接受孩子作为部落灵魂之载体。因此，父亲在分娩时变得虚弱（不是像母亲那样是身体上的，而是精神上的），因为孩子不再由图腾集体赋予灵魂，而是由父亲赋予灵魂。把自己灵魂的一部分交给孩子，会削弱甚至杀死父亲。在父亲的恢复过程中，这种习惯调和了对父亲角色的部分接受与集体的灵魂信仰之间的矛盾。

相比之下，性时代的"父亲"不想被他的儿子击倒或杀死，就像许多传说中所说的那样，而是为保全自己让自己的孩子被杀死或暴露于危险之中，通过儿子来延长自己的生命。克洛诺斯吞食他的孩子，以及北欧神话中阿尼国王（King Aun）的事迹和其他类似的故事①，都与恢复一个人的灵魂物质有关：父亲试图通过

---

① 阿尼把他的九个儿子一个接一个地献给了奥丁神（Odin）。每献一个儿子，他自己获得10年的寿命，尽管最后他卧床不起，只能像孩子一样被喂食（[Snorri Sturluson 1976], chap. 29）。参见我对其他类似传说的讨论（Rank 1926b）。

吞食他的儿子来实现这一点。从肉体上"摄取"父亲浪费在儿子身上的灵魂物质，到后来成为一种合法最终也是"道德上"的吞噬。在《哈姆雷特》中，这是对死去的父亲的责任，需要牺牲自己的生命和幸福。

拒绝为父报仇——像神话中那样通过装傻，在心理上通过意志抑制——儿子想要扯断他们的灵魂纽带，就像父亲为了阻断自己灵魂的延续所做的那样。桀骜不驯的儿子首先想要拥有自己的个体性，但也希望赢得永生。他否认了儿子的角色，也否认了父权的存在（在灵魂时代，父亲们否认这一点）。他又回到了原始的灵魂信仰：他是由神灵而不是由性孕育出来的。

在性时代的许多神话中，这种原始的灵魂观念象征性地体现在母亲的受孕之梦中。这样的梦取代了神的授孕，反映了在这个（母系）过渡时代母亲所扮演的保护性角色。

回到儿子那里：装傻使得对性认知的原始否认起到了从父亲那里解脱出来的作用。在故事中，哈姆雷特受到了著名的性考验：他了解性吗，还是他是个傻瓜？他承认性吗？他承认来源于父亲吗？如果是这样，他必须进行血腥复仇。哈姆雷特巧妙地避开了这个问题以及其他对他的考验。当有人偷听时，他没有去碰那个年轻女人（禁欲），但他却又在一个偏僻的地方引诱她。在这部戏剧中，哈姆雷特表现出了莎士比亚典型的对女性的排斥。哈姆雷特禁欲并宣扬禁欲（甚至对他的母亲也是如此），同时又假装是一个淫秽的傻瓜。对他来说，性完全是肉体的，没有灵魂的成分在其中。

莎士比亚通过哈姆雷特的优柔寡断发展出对神经质性格的研究。这种优柔寡断是子女时代（filial era）出现的一个古老灵魂主题的心理版本，表现为儿子不愿履行父亲所赋予的责任。他想要坚持自己的个体性，而不是为死去的父亲牺牲自己。但作为一个个体，他也必须回归到个人永生的古老信仰中。他想拯救自己的生命**和**灵魂。

在莎士比亚的作品中，哈姆雷特表现出一个显著的特点，这一特点在所有神话的儿子主角（son-heroes）中都有体现。这样的英雄（如阿喀琉斯）在某些方面是无懈可击的，而他的灵魂被施了魔法，抵御住了所有的攻击——尤其是来自他父亲的——直到他的人生使命完成。这种肉体上的保护来自母亲（在出生神话中），并体现在母系社会的灵魂意义上。他把自己的灵魂和永生归功于他的母亲，而不是他的父亲，尽管他的父亲想将之夺回来。母亲作为儿子的盟友（在《哈姆雷特》的第一稿中）站出来，通过将另一个孩子作为儿子的替身来欺骗自私的父亲。通过那个孩子的牺牲（即被暴露），父亲得到了安抚，儿子得救了。故事中，这个替代的孩子是男主人公的双胞胎兄弟，从而让我们认识到主人公灵魂的双重性。如果需要拯救主人公的生命，其中一个灵魂就会防御、保护甚至会死去。

这种双重灵魂——一个终有一死，一个却永生——被北美印第安人刻画得淋漓尽致。对他们来说，这种双重性将个体和集体的灵魂融于一体。令人惊奇的是，个体的起保护作用的灵魂是与集体的图腾灵魂联系在一起的，而不是与个体的具身灵魂绑定在一起的。① 具身的双重灵魂不再像在前泛灵论时代那样能在死亡中存活。它虽然被图腾式的集体灵魂所取代，但仍然被视为一种个体的起保护作用的神灵。

---

① 参见 Lévy-Bruhl 1927, 100ff。

从灵魂信仰到心理学

传说和戏剧中的哈姆雷特抵挡得住所有的攻击,这种刀枪不入的特质表现在他的(双重)保护神——霍拉旭(Horatio)的身上。还有另一个引人注目的事实,哈姆雷特是被带毒的长剑杀死的——似乎普通武器做不到这一点。就像他的英雄前辈一样,哈姆雷特的保护神一直伴随他直到他完成任务。这一过程考验并证明了他的永生,使他从子女的角色走向了成年人的角色。他的死而复生也证明了他有能力经受住来自冥界的考验。不像他父亲的鬼魂,他作为一个活着的英雄回来要求复仇。这一次是为了他自己,回击对他自己的生命和幸福(由奥菲莉娅代表)的威胁。这是故事的转折点,不是因为哈姆雷特已经掌握了国王杀人意图的证据,而是因为这是针对他的。哈姆雷特现在可以以自卫的名义报仇了。他把父亲指定的责任变成自己的意志的行为,或者说是自主的行为。

这就是命运和意志、个体化和生殖的问题。在莎士比亚的《哈姆雷特》中,儿子作为灵魂的接受者和传播者的生殖任务与他作为不朽灵魂的守护者的个人生活任务之间的冲突,被诠释为子女时代的类型心理学(type-psychology)特征。重要的不是古老的灵魂主题仍然在作品中萦绕,并且可以用自然神话或性心理学来解释;更确切地说,这是个人在子女时代对这些主题的新定位。由此产生的性格类型学表现出从灵魂信仰到心理学的转变。

乱伦的主题只能从这个意义上理解。它植根于已经从精神(spiritual,母亲)阶段转变为儿子的心理表达方式的内容中。只有在父权中，性意识形态才得以保留。事实上，儿子与被杀害的父亲遗孀的婚姻是性时代永生愿望的表达，这也反映在相应的自然神话中。正如研究者们所指出的那样①，古老的冬之神的神话和崇拜是这组传说的基础。冬之神被他的儿子春之神杀死了，春之神想要娶他的母亲即大地。这个有关自然的神话通过将它自己与自然过程的类比，以准科学的方式证明了人类的永生。神话中所出现的乱伦让性回归到为个体的永生服务之中，因为人类作为儿子被母亲再生。在这个传说中，哈姆雷特在前往英格兰之前（意为"死亡之地"[land of the dead]，中世纪德语 *Engelland* 则是"天使之地"[angel-land]的意思），告诉他的母亲在他死去一年后举行他的葬礼，并说他会回来参加。（在剧中，经历了海上的磨难后，他出现在墓地，从奥菲莉娅的坟墓中站了起来。）

》性格学对女性的贬低

尽管莎士比亚的《哈姆雷特》中存在着合法性-历史性或心理性欲的（psychosexual）解释，但血腥复仇和乱伦都被否定：前者服务于父亲永生意识形态②，后者服务于性时代孩子的意识形态。莎士比亚之前的伊丽莎白文艺复兴时期的戏剧深受古罗马悲剧作家塞涅卡模式的影响。塞涅卡的悲剧中充满了乱伦和血腥复仇③，但伊丽莎白文艺复兴时期的戏剧几乎没有暗示这种内在冲突。莎

---

① 从西姆洛克（Simrock）学派（参见 Zinzow 1877）到默里（Murray 1927）。
② 根据巴霍芬（Bachofen 1897）对俄瑞斯忒斯的传说（以及类似的传说）的深入分析，血腥复仇是在母系制的背景下产生的。只是后来，就像许多其他观念一样，它才为父权服务。
③ 参见 Rank 1926b, 232。特别是塞涅卡的《阿伽门农》中梯厄斯忒斯的鬼魂出现情节，这无疑是莎士比亚《哈姆雷特》中鬼魂场景的原型。

士比亚以他自己的方式强化了这一具有舞台价值的主题,通过性格类型从心理学角度诠释了古老的理智化和性意识化的灵魂素材。

邪恶的灵魂掠夺者夏洛克变成了一个骗人的小律师;哈姆雷特关注于自己的灵魂,在责任面前犹豫不决;格特鲁德(Gertrude)失去了母性的尊严,成了一个放荡的情妇。莎士比亚通常描写性格恶劣的女人,把难以解释的灵魂问题心理化。在性时代初期,女性被尊为灵魂的载体,在母系制中占有重要地位。传说中的海伦还不算"坏",但男人们被她的女性魅力所感染,为她而战,为她那不朽的灵魂而战。至于不朽的灵魂,最后以具有母性的女人(包括玛利亚)作为灵魂的承载者来表现。随着教会的兴起和对魔鬼的信仰,女人从灵魂的代表变成了没有灵魂的性的象征,直到在莎士比亚的作品中,她在性格上是恶劣的,就像莎士比亚笔下邪恶的男性,比整个人类更能象征卑鄙的情感。他笔下的女人是如此邪恶,以至于我们只需要回忆一下克莉奥佩特拉、麦克白夫人、"泼妇"(shrew),或格特鲁德来就能理解李尔王或泰门的厌女症。一个例外是那个女儿(奥菲莉娅),尤其是在莎士比亚晚期创作的戏剧《暴风雨》中,因为没有儿子,需要后代,莎士比亚最终转向了他的女儿。尽管他自己的不幸婚姻生活很大程度上影响了他,让他在作品中把女性塑造成堕落的角色,但似乎很重要的一点是,这位新兴剧作家的国家——英国——是由一位女强人统治的,女王象征着崇高的母权,但也象征着残酷的女性统治。

《哈姆雷特》的出现也许是出于莎士比亚对父亲去世的感受,以及他自己年幼夭折的儿子哈姆雷特留给他的痛苦记忆(参照弗洛伊德),这样的想法与我们把戏剧解释为灵魂信仰的冲突相符。

49 但是哈姆雷特（莎士比亚的儿子）死亡的细节还不清楚，而且初稿的日期也不确定（暂不考虑托马斯·基德的《哈姆雷特》剧本的初稿）。所有这些来源、人物原型和草稿都使这一素材能引起情感上的集体共鸣，这是像永生这样一个根深蒂固的问题所要求的。

哈姆雷特对这一主题的思考，尤其是在他的第一部独白（《生存还是毁灭》）和最后一部独白（墓地场景）中所做的思考，堪称文学创作中的丰碑。尽管鬼魂出现了，哈姆雷特却再也不相信人死后还有来生（"没有一个旅行者从那里回来"这样的表达让人想起了塞涅卡）。然而，与他那个时代富有活力的文艺复兴者（克劳狄斯、福丁布拉斯）不同，他并不极度珍视世俗的生命和那些人活着的方式。随着主题的展开，他既不能体面地活着，也不能光荣地死去，除非他进行了血腥的复仇。这项任务对他来说不是太难，也不是遥不可及。他与问题本身的斗争是由外部强加的，而不是由内部产生的。

哈姆雷特代表了性时代和父系统治的产物，这种类型的儿子（filial type）想要成为一个自由、自主的个体，而不是儿子本身——父亲的复仇者和母亲的配偶。这种从文艺复兴时期的残酷无情发展到捍卫自由和伦理的意识形态，出现在德国宗教改革期间，主要表现在宗教上与永生（放纵）和自由意志这两方面问题的斗争。但我们只对纯粹的精神意识形态感兴趣，这种意识形态总是决定现实，最终迫使儿子——受压迫的无产者——采用被我们认为是个体灵魂信仰最后之表现的**心理**倾向。

第三章
个人主义与集体主义

啊，我心中藏着两个灵魂！
这对孪生的两者一个要和另一个离分；
追求肉体快乐的一个紧紧地——
用所有的感官抓住这个世界；
而另一个高飞在尘嚣之上，
在祖先的灵魂之间穿梭翱翔。

歌德［《浮士德》第一部分］

在上一章，我们探讨了宗教的灵魂信仰，从性的永生观念，到这个观念转化为人性化的性格类型和心理解读，我们将此称为投射心理学。这些都是蒙上了心理学色彩的宗教和被性意识化的灵魂。这一古老的灵魂化身以人的性格为伪装，这种现象可以一直追溯到宗教时代的神和魔鬼，又因中世纪对鬼魂和恶魔的信仰得以保存下来，现在则是从内省心理学和科学的角度进行解释。

我们看到永生信仰经历了从前泛灵论的唯物论到科学心理学的演变，这就如同炼金术发展成为化学，占星术进化到天文学那样。但是，从灵魂信仰到心理学的发展更为深刻和重要，并引发了一个更为重要的结果。自然科学也曾经属于人文领域：巴比伦占星术、爱奥尼亚哲学家的形而上学、中世纪黑魔法的炼金术。它们揭示了处于意识不同阶段的灵魂信仰：炼金术试图人为制造灵魂（矮人），占星术试图从星相来预测灵魂的命运。它们用不同的方式寻求个体不朽的保障，一种是与永恒的世界灵魂建立联系，另一种是有意识地了解灵魂的奥秘。

自然科学从抽象发展到具体、从精神发展到实践，而灵魂信仰起源于一个具体的、有意识的肉体形象，其存在的目的是确保永生，最终在科学心理学中以一种半神秘、半抽象、很难理解的灵魂概念结束。在这个过程中，自然科学还能让自己依然处在先前的灵魂阶段（在最后一章，我们将说明这一点）。然而，心理学是反灵魂的，因为与自然科学不同的是，心理学不能以另一种形式保持对灵魂的信仰，不得不用灵魂意识来摧毁灵魂。

》社会的灵魂集体

要理解这种发展，我们必须回到我在引言中提到的问题。按个人的方式理解，永生就是自己肉体的继续存在。在灵魂信仰阶段，永生进入了集体宗教体系（图腾崇拜）：宗教（*religio*）意味着结合或重聚。不同的永生信仰被统一到一个宗教体系中，但更重要的是，在这个灵魂系统中个体被纳入社会群体之中。

如前所述，许多图腾之灵结合成一个至高图腾，这意味着灵魂的乱交或者是灵魂集体主义（soul-communism）。在这种情况下，一个氏族的所有女性都可以满足她们对灵魂的需求。人们试图保持个人永生信仰的最初努力（就像我在图腾崇拜中看到的那样），最终以集体灵魂的诞生而告终。集体灵魂成了永生的保障，但肉体自我的存在变成了一个人（从肉体自我分离出来）的灵魂在其后代中的集体存在。也就是说，在图腾崇拜体系中，个体永生以一种基于社会集体的精神再生形式而存在，而不是基于后来在性时代占主导地位的婚姻生殖。

在这个阶段，在子嗣后代、孩子身上继续存在的并不是人们的祖先，他们也没有在图腾崇拜中得到承认。相反，死者的灵魂以各种动物和植物之灵的形式存在，并以这样的形式进入一个氏族年轻一代的灵魂中继续生存。这种以部落统一体表现出来的集体灵魂意味着一种社会性的相互保障，能够让个体在下一代中得到永生。部落成员对集体永生的共同承诺构成了前性时代严格而牢固的社会纽带。在那个时期，人们不得不放弃对个人永生的原始信仰，转而遵从部落的意识形态。

这样我们就能够理解诸如北美印第安人之间，以及许多欧洲国家仍沉浸于血腥复仇（仇杀）的那些人之间的深切仇恨。血腥复仇源于（与异族通婚有关的）诱拐妇女或杀害男性氏族成员，通常是因为这个氏族的灵魂承载者被带走，部落灵魂资源受到严重损失而进行的报复。血腥复仇在永生的账目上勾销了这笔债务，或者至少进行了报复。泛灵论时代的社会精神集体主义的特点是小单位（部落和宗族），与此形成对比的是性时代由小的家庭组成的大的国家结构。我们可以这样来理解：成员之间彼此熟悉的小的灵魂群体的存在呼应了有形的灵魂。有形灵魂最初被认为是可感知的，但在基督教中却具有普遍性和精神性。在性时代，基督教在扩展到了世界范围内的国家组织中重新建立了部落的集体灵魂。在这个世界中，灵魂的观念从祖先转移到儿子，从死者转移到生者。

社会组织几乎没有对个人进行限制，这与后来人们的看法相反。更准确地说，它通过灵魂信仰创造了一种个人保护和自我扩展的形式。这种关注自我的形式以自然的血缘联系构筑社会。禁忌是指个人自愿的牺牲，不是外在的禁止。也就是说，与其说是为了大众的利益，不如说是为了自我保护。它依赖于公共利益，并与公共利益相一致。道德和法律体现在公共利益中，这实际上是一种集体利益。性时代的意识形态塑造了集体的法律和道德观念，这些法律和道德观念接受个人作为一个生殖者通过他的后代从集体的角度保障他个人的永生。这种保障在法律上体现为他可以拥有妻子和孩子，在道德上有共同的义务，不破坏其他家庭群体的灵魂资源。性时代的特点在家庭结构中体现得最为典型。性时代把个体与集体联合起来，以保证他的灵魂安全。这种灵魂集体主义作为一种生殖永生的权利得到合法化，作为一种义务被道德化，以保障它不受伤害。这个体和集体这两种意识形态都与原始的集体灵魂观相冲突，因为在原始的集体灵魂中，个人对集体永生的贡献被认为是理所当然的（信仰），而渴望个人永生则是对集体的冒犯（禁忌）。

》家庭还是国家

伴随着各种各样的问题，集体的灵魂信仰慢慢、逐渐地向家庭组织转变。作为一个决定性的转折点，我们有了"母权"，这是性时代生殖永生信仰首次变得世俗、真实（社会）的体现。以前，所有的妇女都属于代表集体灵魂的最高图腾，而儿童则属于氏族。有了母权，孩子就是其母亲的孩子，尽管他的父亲仍然没有在个人永生中扮演正式角色。灵魂已经在图腾家族中构建起集体永生，而男性灵魂功能的不确定性依然阻碍其获得重要地位。这一点直到性时代才有所不同，那时集体原则被个体原则所取代。

男人只有在国家形成时才能在精神上接受父亲的角色。国家在加强其自身的法律和道德观念的过程中，宣布放弃神性，或者将其交给宗教。随着父权在罗马国家中得到充分的发展，男人的生殖永生得到了保证，因为他拥有他的妻子——甜蜜的灵魂（dulcis anima），而他们的孩子是他事实上的奴隶。人们在国家中建立了这些权利的保护机制，保留着古老的集体灵魂。国家在法律和道德上，而不是通过宗教来保护集体灵魂。

这个群体从最初的否认父权（即集体永生）发展到建立法定的父权（即个人永生），从一个由灵魂组成的社会，即宗教，发展成为一个具有外在的国家宗教的合法群体。这种国家和宗教同时存在（但不是通过彼此而存在）的新社会形式仍然维持着集体灵魂的幻觉，尽管这个强大的国家通过家庭而不是群体来保证个人的生殖永生。

由母权演变而来、对于男性而言的家庭永生，只有在国家保护下才会出现。这是因为国家保护婚姻的权利，同时也象征着前婚姻的集体永生。因此，原本为保护家庭而建立的国家会逐渐削弱和摧毁家庭。

家庭是建立在能够带来繁衍的性，建立在婚姻和继承法所保证的个体永生原则基础上的，而国家和宗教是残存的集体永生原则的保护。国家将其合法化，宗教将其道德化。国家和宗教在婚姻中的共同利益在于婚姻通过宗教约束力保证个人的生殖永生。

》犹太教

在所有民族中，犹太人最成功地避免了家庭和国家之间的冲突——实际上，在个人通过孩子获得永生和通过群体获得集体永生之间，或者在宗教和性时代之间也是如此。适应性极强的犹太人最适合性时代的意识形态，为家庭牺牲国家，"像海边的沙子一样繁衍"而存在了几千年，而其他民族则因国家的过度扩张而灭亡。国家只在一定程度上保护了个人的家庭永生，因为家庭永生也代表了古老的集体永生。随着这种情况变得更加虚幻，国家要求个人做出更大的牺牲，以牺牲个人的利益来保护国家。相比之下，犹太人的国家则表现在他们的宗教中。其彻底的现世取向排除了来世，专注于家庭的生殖永生。① 与之完全相反的基督教意识形态，将犹太人标记为一个注定要在地球上生存的个人主义者（"永恒的犹太人"［亚哈随鲁，"流浪的犹太人"］）。

基督教以一种完全不同的方式在宗教中保存了家族的社会集体灵魂，而这在法治国家已经瓦解，它的最高图腾（国王）也已经被剥夺了赋予生命的职责。犹太教极力保持住世俗集体组织的存在和家庭的性基础，基督教重申不朽的灵魂的意义，让永生存在于来世，这个来世具有尘世的特点。从这个意义上说，犹太教和基督教是不同的，不能在历史上或宗教上进行比较。它们代表了灵魂信仰的两个极端——今生与来生。这两个极端通过灵魂的

---

① 勒南（Renan 1894）将犹太人的特殊地位与他们对物质世界的态度以及他们缺乏关于来世的意识形态联系起来。

集体转世统一于图腾崇拜中,然后植根于社会团体中。犹太教丧失了世俗的地位,固守着家族性永生的意识形态,并将其视为一种宗教理想;而基督教则成为一种世俗的力量,(在中世纪)受到各国君主的尊崇,这种力量来源于关注来世国度的灵魂永生意识形态。

从人类社会的精神基础以及新兴的国家和宗教的形式,我们回到个体,这些意识形态和制度是由个体也是为个体而创造的。图腾的灵魂集体成为一种集体社会主义,反映在柏拉图的理想国中。妇女和儿童首先是世俗集体灵魂的代表;世俗的代表和集体的灵魂都体现在氏族及其图腾中。随着对个体生殖永生的接受,性时代的兴起摧毁了代表灵魂集体主义的世俗集体主义。随着母权的出现,具身的集体灵魂概念在母亲和母神的角色中表达出来(大地之母给予万物生命,养育万物)。最后,世俗的个人主义在父权中确立了自己的地位。

这种个人主义仍然需要合法的国家和社会来双重保证它的永生,即社会和宗教共同现象中的灵魂集体,以及以婚姻、家庭、继承等具体结果形式体现的个体的性永生。基督教摧毁了这种父系制的社会个人主义。这种个人主义试图一只脚踩在这一世的地上,另一只脚踩在正在消失的来世信仰上。取而代之的是作为真正继承人的儿子,但这一次不是父亲的儿子,而是个人主义的儿子!母亲把作为精神灵魂载体的角色和功能传给了儿子,性时代赋予了儿子这一崇高的角色,因为他(通过母亲)接受了父亲的灵魂,并将其传递给自己的儿子。因此,自基督教诞生以来,儿子极具重大意义。这一意识形态最终将性时代带入了子女时代,在这个时期我们在心理上找到了我们自己。

》儿子原则和子女时代

性时代个体的"儿子原则"英勇地反抗"父亲原则"的统治,并在基督教意识形态的帮助下取得了胜利。这一原则允许个体接受其儿子的角色,即成为灵魂的载体,又保存其父亲在世上的生命。在古代的英雄神话中,儿子必须面对挑战来证明自己的世俗存在是合理的,也就是处理好永生的问题(下界的任务)。通过使儿子成为灵魂的载体,基督教让儿子不经任何奋斗就能永生。在基督教的儿子概念中,灵魂得到了它的第一个个体化身,这不同于母系时期的集体化身和父亲概念中的社会化身。因为基督教在三位一体中包含了另外两个灵魂的概念,所以它提出了图腾信仰,认为灵魂的轮回超越了父亲的生殖永生,进入了儿子的个人精神角色,这就把女性(母亲)的集体精神角色和父亲的性个人主义结合起来。作为灵魂的载体,逐渐成熟为父亲角色的儿子,必须捍卫在他身上彼此对立的精神和性意识形态。

在基督教中,儿子的精神个人主义为个体与群体意识形态的分裂以及自我主义与生殖主义的发展和任务带来了新的冲突,以及新的解决方案。在旧有的集体方案变得越来越没有灵魂和具体之外,出现了不同的趋势和意识形态,用个体灵魂的方式解决这些问题。个人必须做集体不再能做的事,因为他现在不仅是集体的一员,而且作为一个独立的实体,一个小宇宙,对抗着集体和大宇宙。

在继续探讨心理学中的精神个人主义作为灵魂传说(soul-lore)和科学的有趣表现形式之前,让我们像在前一章那样,用传统的文学象征来总结这整个发展过程。歌德笔下的浮士德象征性地表达了灵魂的个人主义，这在唐璜身上表达为性，在哈姆雷特身上表现为心理活动（导致了神经症）。几个世纪以来，传统信仰以这三种形式体现。这里，我们要讨论其中几个重要的主题。

浮士德作为个人创造力的象征

浮士德首先尝试用黑魔法和他那个时代神秘的科学、炼金术和占星术，以及歌德时代的正统科学来寻求永生。经历沮丧和绝望之后，他用自己的灵魂与魔鬼交换来了一个丰富的世俗生活。这一契约象征着主张个人权利，决定让他自己灵魂的命运不依赖集体灵魂，通过牺牲永恒的救赎来换取尘世的幸福。人的胸中有两个灵魂：一个是终有一死的，一个是不朽的；一个是个体的，一个是集体的。以北美印第安人的图腾崇拜为代表，这两个灵魂既是活在尘世的肉体的生命力（即神力），又是不朽的祖先灵魂，它们具身于保护神。①

魔鬼化身为保护神，以个人肉体灵魂的方式代表着（不朽的）集体灵魂。为了换取一个人那部分不朽的灵魂，魔鬼许诺延长尘世的生命（返老还童）并给予性爱的快感，而不是性的永生。特洛伊的海伦代表了性时代人格化的不朽灵魂——浮士德追求不朽灵魂，仿佛在追求一个虚幻的影子。浮士德通过创造性的行动，将自己与社会和人类重新联系起来，从而赢得了个人的永生，这

---

① 柏拉图还研究了这两个灵魂的相互冲突。摩尼［摩尼教］（公元3世纪）的学说也承认这两个灵魂处于不断的冲突之中，歌德之前的诗人如拉辛和维兰德也提到过这种情况。

体现了子女时代的特征。

男性作为文化的创造者,同样不断地为各种形式的自我和个人主义寻找新的表达方式和象征。他的目标是要取代集体永生,或者性永生和生殖永生。作为集体灵魂的载体,女性仍然是保守的象征。而随着子女时代个人主义的开始,男性则扮演起世俗、转瞬即逝、终有一死的灵魂角色,在不断变化的象征表达中寻求永生。与女性相比,男性灵魂上的自卑感似乎是性时代的产物,它是由母系制在精神上和社会上的影响造成的。这种自卑感是建立在生殖永生(繁殖)的基础上的,因为在生殖永生中,从生物学和社会学的角度来说,男性的作用较小。为了维持自己的形象,男性把自己从自己的角色中分离出来,这一角色被打上了心理自卑的烙印。在信奉个人永生的泛灵论时代,分离具有优势,但它的价值随着对集体灵魂的信仰而下降;后来,在性时代,它被看作劣势。与此同时,女性从转世灵魂授孕的媒介上升为有创造力的灵魂载体,控制着死亡和永生。男性永生的意识形态是建立在对女性的否认之上的。现在,男性发现为了灵魂自己被女性所奴役,只能用自我不朽的创造力来宣告自己的独立。

浪漫主义与心理学

这些趋势和潮流在浪漫主义中达到了顶峰,这是对灵魂问题的一种特定的态度和表达方式。心理学的发展显现出浪漫爱情对其的影响,后者从个人主义的角度提升了女性灵魂的价值。同时,伴随着宇宙自然灵魂的复兴以及它在民歌(史诗)、神话和民间故事中的集体表达,心理学的发展也受到了浪漫主义科学的影响。

浪漫爱情衍生了性心理学[1]，浪漫主义科学衍生了自然哲学和人种心理学（ethnopsychology）。[2] 在融合了戏剧性格学（characterology，前面讨论过）和生理（实验）心理学之后，这两种思潮都促进了心理时代的到来。从浪漫主义灵魂的角度这一点变得比较容易理解，即子女时代的个人主义意识形态与集体（泛灵论）的和母系（性）的灵魂意识形态融合在一起。

在这里，女性成了男性灵魂永生原则的个体代表，这是她在（灵魂时代）母权中所扮演的角色，在性时代的神话传说中（关于海伦和普赛克的故事，以及民间故事）也是以一个理想形象呈现出来。在浪漫爱情中，她代表着男性更好、"更美丽的灵魂"[3]，这是男性永恒不变、永生的角色，与通过伟大的作品来寻求永生、会变老的、生命短暂的自我截然不同。[4] 这种理想化对抗基督教意识形态对女性的道德化，后者将女性与性联系在一起并对她（作为女巫）进行谴责，后来的心理分析把她的角色打上了邪恶的烙印（例如莎士比亚）。浪漫主义把这种道德和心理评价带进了自我情感领域，自我在其中迷失了，就像个体灵魂消失在整个世界灵魂中那样。在浪漫主义科学中，古老的宇宙灵魂变成了"自然的灵魂"。

在部分是文学、部分是哲学并追求永生的浪漫自我中，**情感**

---

[1] 参见 Humboldt 1917（1795）。关于这方面最近的研究，还可参见 Giese 1919; Kluckhohn 1922。

[2] 参见 Joël 1906。

[3] 在《会饮篇》中，柏拉图提到了"美丽的灵魂"。维兰德关于"美丽灵魂"的浪漫主义观念，在英国道德哲学家、沙夫茨伯里第三代伯爵安东尼·阿什利·库珀（Anthony Ashley Cooper）和英国作家塞缪尔·理查逊身上都可以找到雏形，他们二人都赋予了这个观念一种道德色彩。根据弗里德里希·席勒的定义，在"美丽的灵魂"中道德感和感性情感完全一致（参见 Schiller 1793）。

[4] 参见 Horwitz 1916。

第一次成为心理学的研究对象，但不是个体表达和实现意义上的情感，而是在歌德所描绘的渗透和消融一切（"情感即一切"）的灵魂意义上的情感。因此，浪漫主义寻找民间作品和人种心理学，集体灵魂在面对浪漫的个人主义时以这种形式（以及女性）寻求平衡和安慰。浪漫主义探讨神话、民间故事、史诗和歌曲中匿名的集体创作是否以及如何由一个民族创造：这是对**一个民族作为一个整体及其命运**的一种心理探索。

在象征着尘世转瞬即逝的历史命运的史诗中，以及长久存留在人类记忆里的伟大事迹中，这种对一个民族整体的关注直接显现出来。它间接地发生在象征着其民族精神命运的英雄神话中，也间接发生在他不朽的形象，即众神身上。这些关于众神、英雄和民族的灵魂作品是由个人还是族群集体创作的心理问题等同于一个人和整体的关系问题，以及基督的历史现实问题——灵魂存在的问题。浪漫主义的民族心理学回归到集体灵魂的概念①，而自莎士比亚以来，作家的性格心理学则将个体化的精神符号归纳成不同的道德类型：善与恶的灵魂（天使与魔鬼），即永生的和终将死亡的人现在成为善与恶的角色，而不是众神与英雄。

在 19 世纪发展成为科学心理学之前，心理学认为灵魂对人类来说是可及的，这与宗教教义有所不同。人们要么假定灵魂的存在，即永生信仰，要么否认之，但无法像对上帝的信仰那样去证明。灵魂受到的威胁不是来自无神论科学家，而是来自个人主义的灵魂追寻者，他们被迫在集体灵魂和生殖的性意识形态之外寻找永生，这是因为他们无法通过（代表两者的）宗教、家庭或国

---

① 参见 Schlegel 1927（1823）。

家（或者民族）来实现个人永生。

》个体化的心理学

威胁来自个体的心理学，这种心理学是随着自我觉察（self-awareness）和自我意识（self-consciousness）不断增长而产生的。个体心理学最初出现在希腊，是对灵魂的伟大倡导者柏拉图的观点的回应。柏拉图的学生和继承者亚里士多德是第一个把灵魂看作具有发展变化特征的人。[①] 他把心理学——他的灵魂科学和物理学相提并论，而把灵魂问题归入了以自由意志为基础的伦理学和形而上学——不可及的上帝概念。他以意志自由（道德）、以上帝（形而上学）的方式保存灵魂，从而开启了科学心理学。自逐渐衰落、包罗万象的基督教意识形态揭示了亚里士多德的尝试之后，中世纪和现代哲学家开始推动他的研究取向。读者可参考第一章对心理学发展的概述；直到 19 世纪，心理学才具有了现代科学的外表。[②] 现在，让我们来概括一下在心理学从灵魂时代发展到声称为精确科学的精神分析过程中，个人自我觉察在其中所扮演的角色。

消除了所有内部怀疑的基督教抵制住了古典时代晚期的外化和科学分析，维持了灵魂信仰。在这之后，它开始把科学视为一种外部威胁。然而，哲学和科学知识不能动摇根深蒂固的灵魂信仰，正如生物法则知识不能动摇对永生的原始信仰一样。众所周知，对科学做出最大贡献的思想家和研究者都是虔诚的精神信徒。

---

① 参见 Aristotle 1924; Jäger 1923。
② 对此的精彩论述，参见 Seifert 1928。

信仰和知识并不是相互排斥的，而是的确有可能彼此需要，并且在任何情况下都能并存而取得巨大的成就。一个例外是心理上的自我认知，它不可避免地会导致怀疑。承认死亡不能摧毁对个人永生的信仰。但是求知欲，也就是如果可能的话，想要看见、论证、解释并最终理解不朽灵魂的渴望，只能导致对灵魂是否存在最强烈的怀疑。

尘世的权力与宗教信仰、世俗价值与超验价值之间的斗争，就像现代宗教与科学之间的斗争一样，主宰着中世纪。到目前为止，教会已经赢得了这些斗争，因为它提供了一些科学所缺乏甚至抛弃的东西，即关于永生的关键问题的激烈斗争。这个关键问题是，我们是否永生，以及对于永生必不可少的灵魂是否存在。因此，引发各种情绪的冲突并不是仅仅用知识和利益就能平息的权力斗争。我们短暂的世俗生活受到威胁，而宗教所承诺的、科学所否认的、心理学所怀疑的永恒的救赎处于更大的危险之中。怀疑带来痛苦，而不是知识，这不是用信仰可以弥补的。面对这样的怀疑，信仰无法获胜。面对这样一个邪恶的撒旦，需要建立一个新的神，即一个起源于灵魂信仰、由科学理性主义创立的神，那就是真理。

》对真理的信仰

当自我觉察（self-awareness）削弱了人们对灵魂的信仰时，自我认知——个人主义不受欢迎的副产品——开始变得重要。在自我觉察带来的痛苦中治疗性自我认知显现出了优势，治疗性自我认知的产物被视为"真理"。但是，由于愿望和情感支配着我们的理智，真理成为一种主观的或理性的个人宗教。这种宗教使朴素的灵魂信仰得以存活。集体信仰，即"真理是每个人都相信的"，被个人主义信条所取代，即："真理是我所相信的！"

宗教上的"信，故我永生"（credo ergo sum）首先成为哲学上的"怀疑，故我自知会死"（dubito ergo sum），最后成为笛卡儿的心理学的"思，故我在"（cogito ergo sum），由此开创了现代心理学。从那时起，自我就试图通过心理上的自我认知来揭开自己的真相。这一次拯救灵魂的理性尝试如此完美地隐藏在抽象的真理概念背后，以至于我们必须使用灵魂象征才能在真理崇拜中找到灵魂信仰。人们只有死亡才能看到的真理就是灵魂，灵魂像真相一样，被描绘成一个赤裸的女人。一切对真理的寻求最终都是为灵魂的存在和灵魂永生而进行的古老的斗争。被自我认知摧毁的灵魂信仰实际上继续存在于心理学的偶像——真理中。灵魂信仰成为真理的标准，因为只有作为永生之证据的东西才能成为普遍的、不朽的真理。

我们在精神分析中注意到了这一点，它重视梦、性的神秘和无意识，从泛灵论角度影响着人们，而不是通过它的个人主义的自我和灵魂认知产生影响。精神分析与其说是一种心理学知识体系，不如说是一种从性时代科学的角度对泛灵论式的灵魂价值的解释。在性意识形态中被心理化的这些价值观安慰着我们（它们是治疗性的），就像对永生的朴素信仰安慰着原始人那样。在这里，如同在其他地方一样①，弗洛伊德放弃这种深奥难懂的精神分析内容，转而支持一种科学的意识形态。这种意识形态把个体

---

① 参见 Michaelis 1925。

理解为不断存在和消失,而不是一种永恒的、自我创造的现象。

尽管在追求心理"真理"的过程中,精神价值被精神分析所否认,但却使精神分析获得更多的灵魂认知和更强烈的灵魂信念。这就解释了为什么精神分析被作家称赞为反唯物主义的,被哲学家称赞为超理性的,而被信徒谴责为唯物主义的。它没有提供新的世界观,但解释了早期的世界观。它是一种需要对其意义进行心理分析的综合体系。我认为,精神分析的基础是为了适应性时代的意识形态而对灵魂现象所做的心理学解释。

心理学作为概念性原则

精神分析拯救了灵魂,这一点在荣格和阿德勒心理学这两个著名的分支中表现得最为明显,这两个分支分别是集体心理学和个体心理学。两者都发展了混合式的精神分析学说的某一方面,忽略了弗洛伊德思想中的性时代科学特征。阿德勒的过度理性主义精神分析没有无意识和灵魂的位置。荣格的集体无意识比弗洛伊德的个人无意识更接近灵魂概念,后者甚至在本我(id)中也保留了它的个体性。如果说阿德勒的个体心理学在自我解释上过于理性,那么荣格的集体心理学则过于非理性。阿德勒太注重心理,荣格太注重宗教,弗洛伊德太注重生理。

弗洛伊德使集体具有性特征,以此来使性特征合理化——使用性生殖的术语进行阐释。荣格从集体的角度解释个体心理——将灵魂作为一种心理上的解释而不是一种精神现象来呈现。阿德勒则从个体心理学的角度将一切精神上的东西合理化。弗洛伊德将(性生活的)事实视为意识形态,荣格将意识形态(集体灵魂）视为心理事实，而阿德勒则从社会事实中衍生出个体意识形态。

他们每个人都掌握不同的部分，自称可以解释整体；每个人都低估和忽视了一些现象；每个人都无法衡量解释的价值，而解释本身只是对现象的一种解释。我们不能通过把事实重新定义为意识形态来解释事实，也不能通过给意识形态贴上心理事实的标签来解释意识形态。心理学不是由数据得来的事实组成的，而是由诸如灵魂信仰之类的意识形态组成的。意识形态是一种思想形态（mind-set），而不是现实。同样，我们不应该从心理学的角度把社会或家庭这样的现象理解为数据，而应理解为从制度上表达的意识形态。

灵魂是一种因信仰永生而产生的意识形态，为了保持灵魂信仰，会产生新的意识形态。这样，灵魂就是富有创造力的。当心理学把这些意识形态作为意识的自我观察对象时，它们就具有了**破坏性**。随着自我认知的提升，这些意识形态就会失去作用，从而被其他心理化意识形态所取代。这种意识形态也变得更加具体，由于内省意识的保护而免于解体，就像我们在集体灵魂的不断社会化中所看到的。集体灵魂是情感化的（例如，在道德上），在社会上表现为对惩罚的恐惧，在主观上表现为负罪感。

集体曾经为每个人的灵魂永生提供保护和保障，我们今天的道德感与这个灵魂共同体相似，它抵制个人无论是通过个人成就还是为了被剥去性快感的繁衍来追求个体永生。道德与性之间的冲突并非来自外部，而是来自寻求完美的个体内部，这对应着个人主义与集体主义之间的冲突。个人永生的愿望基本上是以自我为中心的，也就是反对性意识的，而个人愿望中的集体道德是由比性和性带来的生殖永生还强大的集体灵魂信仰所驱动的。道德用负罪感和焦虑来保护我们的精神自我，就像（灵魂）共同体中那些最平庸的人保持着他们的个体性，只以集体永生来拯救他们的灵魂。

道德和共同的灵魂

代表着原始的集体灵魂，道德对个体的集体保护进一步体现在社会中，社会扮演了犯罪惩罚者的角色。谋杀是一种最初的反社会犯罪，它会让共同体失去一个灵魂贡献者，从而失去一个灵魂。在部落指定最亲近的男性继承人负责血腥复仇之前的家族时代，部落与部落之间实行的是原始的以牙还牙（*jus talionis*），即以灵魂换灵魂。个人的复仇（谋杀）会遭到社会的惩罚，这是因为个人从社会盗窃了灵魂。社会本身就在进行血腥报复，因为杀害灵魂载体是对社会的犯罪。因此法律上的悖论是，社会似乎用同样的罪行——谋杀——来惩罚凶手。实际上，社会对个人复仇，即对盗窃灵魂进行报复，采用的方式是通过集体血腥复仇，即灵魂补偿（以牙还牙的报复）。社会心理学关注的是灵魂这一典型的集体现象，它由独立的个体灵魂构成，而个体心理学则寻求科学地建立人类灵魂，将其从集体意识形态中拯救出来，并将其保留在个人的永生之中。

在性时代，社会和道德领域的集体灵魂的具体化和情感化，把个人的灵魂带入了爱情的体验之中。在这里，一个灵魂的永生一半人格化于另一个灵魂中，就像柏拉图所说的分离的两部分努力合在一起那样。只有在前基督教性时代建立了性与灵魂的联系之后，晚期基督教浪漫主义才将这种意识形态具体化，但这种联系的建立遭到了教会的谴责。在浪漫的爱情中，我们在个人和集体对灵魂的拥有权之间达成了一个有价值的妥协：两个人的共同体。从长远来看，这被证明是站不住脚的，因为新兴的个人主义抵制在精神上属于另一个灵魂。也就是说，一个人不愿意被当作另一个人的灵魂（尽管这带来了部分的快乐），因为这样做威胁到另一个部分，即个体，阻碍其发展和满足。浪漫爱情中的这种冲突必然过分强调肉体自我，就像在现代爱情中所看到的：人们在过分追求感官享受的同时却带来精神的贬值。

神经症作为灵魂冲突

灵魂发展经历了不同阶段，从幽灵灵魂的肉体个人主义，到神圣的灵魂集体主义和性生殖的肉体集体主义，再到将所有元素和谐地结合在一起的爱的精神个人主义。同时，我们认为神经症患者没有能力去爱。失去了精神和肉体的共同体（宗教和性），神经症患者从对以爱的方式表达的个体灵魂的信仰回归到对自我的原始信仰，但缺乏本质上的质朴。

在神经症中，我们看到了集体灵魂信仰的丧失（特别是在带有夸大妄想的精神疾病中），以及一种支持自我个体永生的英雄姿态。精神病（psychoses）则具有神话和宗教的特点，试图通过宗教和性意识形态来保存失去的灵魂信仰，并将个体上升到这些意识形态之上。神经症反映了个人和集体永生意识形态之间的冲突，代表了解决双方冲突的自我尝试。个人和集体永生意识形态对应着灵魂的终有一死和永生的两个方面，分别用泛灵论的、社会的或性的方式表达。神经症的一个方面很引人注目：神经症患者寻求个人宗教，即永生，同时也证明了一种心理类型在痛苦的自我觉察中用破坏性的解释阻碍了他自己的神化，这种破坏性的体现就是排斥灵魂的创造性。

第四章
梦与现实

> 我们和梦都是由同样的材料构成的,我们短暂的一生被包围在沉睡之中。
>
> 莎士比亚

在回顾了灵魂如何经历了从早期宗教,到性意识形态,再到心理阐释的发展变化之后,我们现在谈一谈做梦(dreaming)这个最典型的灵魂现象。梦是如此独特,梦把个人主观成分与神秘超验的灵魂现象联系在一起,后者不受做梦的人的控制,令人无法理解。梦的先决条件,睡眠,实际上使自我脱离了现实,类似死亡的感觉赋予梦一种在无限时空中的主观自我满足感。

虽然自古以来梦就引起我们的关注和兴趣,但我们对它仍是知之甚少。围绕这一未解之谜一直存有争议:梦有意义吗?如果有,如何正确解释?

》 梦作为灵魂存在的证据

在原始和古典时代,人们认为梦具有特殊、深奥和神圣的意义。在泛灵论时代，做梦证明了灵魂的存在，即永生。我们姑且不去讨论存在于人种学中的相关争论，即到底泛灵论是来源于梦还是为之提供了证据。梦是否有意义这个问题让我们回到是否有灵魂这一问题：持有原始和古典时代观点的人虔诚地给予"肯定"，而现代科学则是充满怀疑地进行"否定"。不同的灵魂观（soul-belief）决定了我们对梦的不同态度，而在文化发展的不同阶段，对灵魂观所持的态度又让人们按当时的意识形态、以不同的方式解释梦。

由于自然死亡的或者被杀的人会在梦中重现，原始人的梦证明了灵魂的存在。而且，他看到他自己灵肉双重之躯的一部分在行动，而他的实际身体像死了那样躺着不动。在梦中看到死去已久的人还活着，并与自己脱离肉体的灵魂互动，这样的体验进一步促使未来的灵魂在"授孕之梦"中出现，对此应该从原始时代的宗教角度，而非从性时代的性角度去理解。在某些澳大利亚部族的图腾崇拜中，授孕时往往由已经转世、即将再生的灵魂向母亲或者父亲发出提示，这些提示包括孩子的图腾、名字甚至是孩子的性别。① 在性时代，人们从生殖永生角度解释这样的梦境，即死者的幽灵或者授孕灵魂让一个人（父亲）忧虑，惧怕来自祖先及其后人魂灵的死亡威胁。维持人类灵魂信仰的圣灵感孕说法一直存在于女性的梦中。与性意识形态不同的是，在基督教的中世纪时期，同样的梦被看作邪恶的性爱。后来，在心理学的解释中，它变成了性欲（sexual libido）的愿望实现。

我们暂不讨论在精神分析中我们像古人那样发掘梦的深意但用科学之名灭杀了灵魂，我们先回到对梦的原始解读中。我们的

---

① 参见贝丝作品（Beth 1927）中精彩的"梦的意义"一章。

梦由盛行的意识形态所解释，而盛行的意识形态又反过来影响梦的结构和体验，正如它创造宗教和社会的结构一样。在灵魂观上梦和意识形态越接近它们的共同起源，梦就越符合这样的意识形态。在信奉泛灵论和巫术的时代，梦与现实完全吻合，它们都是精神世界观的赤裸表现。原始时代的人们能解释梦，但他们不对梦进行解释是因为根本就没有这样的必要：他们的梦与其灵魂观是一致的，这种世界观支配着他们的梦，也支配着他们的意识思维和现实生活。

因为出现在梦中的灵魂不受外界影响，所以原始时期的人们用梦来诠释现实，其中伴随着惊人的艺术创造力！当梦与现实发生冲突时，人们会尽量按照灵魂的启示修正、影响和改变现实。

将梦变成现实

正如法国耶稣会传教士所观察和详细描述的那样①，北美某些印第安部落把在现实中实现梦想当作他们的最高诫条。避免触犯梦中显示的保护神，这是生死攸关的事。

> 梦提供这些人问询和遵从的神谕，向他们预测未来，揭示凶兆，为他们定期治病……梦完全是他们的统治者。当出门旅行时，梦是他们的水星；居家过日子，梦就是他们的管家。梦经常指导他们进行集会；贸易、捕鱼和狩猎都要获得梦的允许，实际上这些就是为了满足梦而存在的。为了某个梦，没有什么宝贵的不能牺牲……梦真的是休伦人（Hurons）

---

① 参见 Lévy-Bruhl 1927, 94ff。

至高无上的神。①

另一位神父描述道：

> 易洛魁人实际上只有一个神，那就是梦。他们受制于梦。规规矩矩地遵守梦的一切指令。措恩诺托人（the Tsonnontou）在这方面的所作所为更甚于其他人。他们对信仰小心谨慎。无论他们梦到做了什么，他们都觉得绝对有必要尽快地去实现。②

根据列维-布留尔（Lévy-Bruhl 1927, 97）的研究，存在于南非和小亚细亚的类似观点和许多奇怪的例子证明了这一点，即原始的"释梦"是为了把梦变成现实，归结起来就是用梦来解释现实。

我们无法以"愿望实现"（wish fulfillment）概念来解释这一有趣的现象，因为正是在这些梦以及它们对现实的影响中，我们产生并实现了愿望。我们稍后将看到意志心理学（will-psychology）如何对将梦转化为行为做出更合理的解释，但首先我们注意到这种"梦中行动"（dream action）的深远影响。如果一个人的梦没有成真，他就会死去，这一观念按照列维-布留尔的解释，源于对保护神（精灵）的触犯，它在梦中传递了自己的意志（1972, 101）。与随生命而消失的个体的具身灵魂相比，这种保护神与（不朽的）集体灵魂联系更紧密。在这一阶段，我们在梦中看到个体与集体灵魂之间的冲突，个体的终将死亡与永生之间的冲突，由此把个体的命运交给了集体，而集体的生存取决于个体的牺牲。当个体不能实现自己或者别人的愿望时，个体就会死亡。这里梦把个体

---

① 参见 *Relation des jésuites*, 1636, 10: 170。
② 参见 *Relation des jésuites*, 1669-70, 54: 96。

的灵魂表达为自私的,把集体的灵魂表达为"道德的"。冲突出现并通过个人的行动得到解决,个人必须实现自己以及他人的愿望。

在此我们感兴趣的不是把梦变成现实之需求的灵魂动机(soul-motive),以及这一需求给个体的社会行为带来怎样的心理结果;我们想知道在其他时代,在意识形态不断变化的情况下,这种"梦中行动"会持续多久。为了回答乃至理解这个问题,我们需要从梦的起源和意义转向去思考它在整个世界观中的地位。

梦境成为现实

现在,我们考虑的是**梦是真实的还是感官上的错觉**,而不是梦在一个特定的时代是否,以及如何被解释。原始人把梦看作是真实的,但并不是说他们混淆了梦与现实:他们在梦中看到了更高的现实。梦既不能预测未来,也不能再现过去的现实,而是代表与精神世界观相对应的**真实现实**。这源自对有形灵魂的前泛灵论信仰,根据这种信仰,肉体的自我继续存在,没有死亡。梦通过将死者和生者的灵魂,以及做梦者的灵魂,以肉体的自我的方式呈现,从而证实了这种原始灵魂信仰的存在。

根据这一观点,对于做梦者来说,梦的灵魂意义更接近于现实,证明了似乎是活着的、具有人形的肉体灵魂的存在。无论内容如何,做梦这种现象都证明了具身灵魂及其独立、可延续的生命是存在的,不仅存在于未来——过去释梦仅限于这个范围内——而且能够**超越时间和空间**。只有当梦与觉醒之意识中的现实冲突时,梦的内容才开始变得重要。在早期的泛灵论时代,在梦中出现已死去的人或者还未出生的人,并不比一个人在梦中在上界或下界游荡更令人感到吃惊。当梦的内容与现实冲突时，人们会根据梦来修正现实——不是为了改善现实（这是未必追求或能够实现的），而是**让现实与灵魂信仰相一致**，以此来证明灵魂的存在。

人们需要让梦与现实一致解释了另一种比将梦转化为现实更重要的文化现象，这种文化现象只发生在原始的灵魂信仰中。这就是将梦**叙述**为一个**真实的事件**，即祖先在过去、当代人在现在都经历过的真实事件。这是很多神话、民间故事和传说的来源，它们将灵魂主题展现为梦，并将梦中的事件或故事转化为行动。虽然我们发现很多这样的传说出现在泛灵论时代的初期，但它们描述的内容，例如得以实现的英雄神话，其实属于文化发展更高阶段的性时代。在这一时代，意识形态将旧的梦中行动塑造成新的现实和意识。

离奇的故事以其原始的形式将梦境转化为现实。根据北美印第安人自己的叙述①，梦是神话的唯一来源。他们的传说也经常提及或者采用梦的内容。即使当故事讲述的是反映灵魂信仰的事件时，它们听起来也像在讲述梦，因为它们所基于的世界观正是建立在产生梦的意识形态之上的。我们可能永远不知道这些口头传说中有多少是真正的冒险；我们只知道原始人必须把梦变成现实，所以在讲述中，梦和现实一样伟大。为了这种融合的需要，梦和现实这两者通常交织在一起。所以，**当梦无法变成现实的时候，人们才会发现这是民间故事所特有的主题**。当无法在行动中实现梦时，人们不得不将梦的意识形态作为事实来加以验证，这就解释了为什么人们需要将梦讲述为真实的冒险。

---

① 参见 Ehrenreich 1910, 149。

第四章 | 梦与现实

▶▶ 梦对现实的影响

梦与现实的同一性（identification）后来发展成它们之间的相互交错。作为历史来讲述的故事变成了真实发生之事，即成为现实的一部分，而勇武的英雄在行动中以它们为榜样。梦的意识形态将梦中之事表现为真实的行为和命运，即通过故事引发人们去践行命运。反过来，那些普通人又把这些当作神话来讲述。神话产生了类似的行为和命运的梦，而这些梦又被当作现实来传扬，依此类推。如果要充分地描述这一切，恐怕要长篇大论。这里，我只想强调**梦对现实的影响**至少要与现实对梦的影响同样重要。由于原始阶段的现实是由泛灵论和巫术主宰的梦的现实（dream-reality），梦与之前所考察的灵魂现象让我们得出一样的结论：**越来越多变成现实的梦境内容实际上是在证明、支持和表达灵魂信仰——通过使其成为现实来验证这种信仰。**

像以前一样，对灵魂的过度具体化反受其累，其结果是对科学心理学产生了极大影响。宗教、国家和性的客观本质在某种程度上与灵魂象征形成了对立，而梦的主观本质限制了它的客观化。就像在民间故事和神话中那样，把来世和现世混在一起往往会招致可怕的诅咒：把梦变成现实会导致主人公悲剧性的死亡，他本来希望通过这种特有的行为来避免这种悲剧。意志坚强的人，就像民间故事里的英雄一样，不满足于被动的梦，想要将其付诸行动来实现永生。自相矛盾的是，他在英勇行动中毁灭了自己。可以说，主人公是死于现实生活中对永生的渴望，这种永生实际上是对肉体自我存活的渴望。他认识到没有永恒的肉体生命，只有灵魂在集体象征中的重生。

梦是纯粹主观的，证实了对肉体灵魂的前泛灵论信仰。所以，在灵魂信仰的所有阶段，**梦都是个体永生的证明**。在这里人们会看到英雄不朽，看似神一般，坚不可摧，不可战胜。他从即将到来的死亡中被奇迹般拯救出来，仿佛从一个可怕的梦中醒来，回到现实之中。同样，将自我永生之梦具体化的这种渴望会招来复仇女神涅墨西斯，不可避地带来悲剧性的死亡。

灵魂时代的英雄

保罗·雷丁（Paul Radin）收集并用专业知识分析了温内巴戈印第安人的一个故事①，这个富有寓意的故事很好地证明了关于梦的神话。在这个被叙述为真实的、源自梦的神话中，故事的主人公被称为旅行者（Traveler），因为他从小就在各处不安地游荡。他是由至高无上的大地之神（大地的创造者）亲手创造的四大水神之一的独生子。这四大水神为不是由女人生下而感到骄傲。年轻人从旅途回到家中，发现父亲陷入了绝望，因为水神的劲敌正在策划一场战争，意在毁灭他们的部落。年轻人决定独自与对方首领作战。他准备通过斋戒仪式来赢得胜利。然后，他开始了一次穿越下界的旅程，来到他的祖先——水神的身边，得到了其中一位的保佑：

孙儿，我将保佑你。你是第一个得到我的保佑的人。因为你已经受尽千辛万苦，快把自己渴死了，这真让人怜悯。

---

① 参见雷丁作品（Radin 1927）的"生命的悲剧意义"一章。

你将活到寿终,记住,正常人的生命是短暂的。我不是由妇人生下的,是由大地之神亲手造就的。(Radin 1927)

年轻人将此告诉了他的父亲,父亲应道:"我的儿,这很好。水神是世界上最伟大的神。你做了个好梦。"这个年轻人由斋戒引发的与水神的邂逅,就是梦。① 令人衰弱的绝食考验了他超人的本性(永生),而不是让他准备去战斗。这还不够,他想要从水神那里得到永生的保证,尽管这一点在故事中没有提到。但在同样是这些印第安人的另一个故事"斋戒者"(The Faster)中,儿子告诉他父亲,虽然他得以保佑能够长命百岁,战胜敌人,实现愿望,但为了得以永生他仍须斋戒——要向自己证明这一点:

"但我所渴望的是永远不死。"神灵们无法劝阻他。"真的,我永远也不会满足,除非我得到永生。"这孩子继续说,他无法想象他所恐惧的死亡。因此,神灵们决定让他去死。他们就低头往下看那孩子正在禁食的地方,他躺在那里死了。(Radin 1927, 203)

因为要证明自己的永生,所以他饿死了。这个故事的寓意是:年轻人不能绝食太久,不要追求不可能的事。让我补充一句:他们必须知道未实现的愿望和无法实现的愿望之间的区别。

在"旅行者"这个故事中,父亲鼓励他的儿子去绝食。在这个故事里,集体因素占主导地位。年轻人为了他父亲去战斗,而战斗是为了整个部落,为此他并不甘心情愿地去冒生命危险。经过漫长的第一次斋戒,水神最后的恩赐是对敌人即整村人的大屠

---

① 在该文本中,我不知道这一点是否重要,即赐予礼物和许诺愿望的水神是否也被称为"旅行者"——这一身份将使故事的梦境性质更加清晰。

杀，这在主观上暗示他们不会杀害年轻人；然后许诺他从水神的骨头里取出一种使他长生不老的"药"。① 但随着故事的发展，我们看到，水神显然并不想兑现所有的承诺，因为他想在支持他对抗强敌之前，先确定年轻人是否怀有感激之情。年轻人一番踌躇之后杀了仇敌，结果在回家的路上受了诅咒，被他的族人们杀死了。

》死亡作为对永生愿望的惩罚

那个年轻人因为想要永生而遭遇了死神，但他通过杀死别人间接得到了永生，这又一次证明他是必死无疑的。永生的概念普遍地存在于原始的世界观中，温内巴戈人也持有这样的看法，即死亡不是自然发生的，而是由一个人的过错或侵犯引起的。温内巴戈人对这种因果关系的解释包罗万象，以至于没有人能够避免死亡。例如，仅仅发怒就足以招致恶鬼的惩罚（就像温内巴戈人的双胞胎神话故事中描述的那样）。这种过错最初是**自大狂妄的一种特殊形式，即声称自己不朽**。在泛灵论时代，由于人们迫切需要将旧的前泛灵论的具身灵魂信仰变成现实，而梦又强化了这种需求，这导致了死亡。

在性时代，死亡的诱因从自我中永生的具身灵魂（或梦中灵魂），转移到放弃自己的灵魂，将之交给孩子（儿子）。在探讨这个问题之前，我们注意到最早的梦的意识形态有一个特点，它帮

---

① 在第三个故事"预言者"（The Seer; Radin 1927, 196）中，父亲为了延长自己的生命（复活愿望）而诱导儿子禁食。然而，当他用了从水神那里得到的"药"，他反而杀死了别人（最终是他的儿子），因此他自己必须得死。在"旅行者"中，只有父亲对儿子的愿望得以保留，不过这个故事显然是为了协调父子俩在永生问题上的自我中心（egoism）行为。

助我们理解神话英雄的一生。在温内巴戈人的传说中,渴望永生的个体是为了集体,为他人着想,即怀着集体的灵魂信仰。但是,他不但没有获得任何好处,反而面临着无法忍受的牺牲。因此,离开集体的一种做法是成为一个流浪者。他不想去做文化继承者,而想做一个冒险的古典英雄,逃离这个集体的灵魂束缚,追求个人的永生。这种徒劳的尝试注定带来死亡,我们知道这是对永生愿望的惩罚。当一个旅行者渴望长生不老,从而逃避了集体的惩罚时,他就象征着一个在梦中脱离了时空的**漂泊的灵魂。神话中的英雄可能代表梦中的自我**——从肉体中解脱出来的灵魂,因此是不朽的。他必须遵从他自己灵魂的命运安排,直到死亡:他的灵魂至少在神话意义上获得了不朽。

在性时代,在追求肉体的永生中,作为灵魂的个体不会死亡;他的死亡表示他放弃了个体永生,代之以生殖永生。在过渡到生殖永生的过程中,我们可以讨论一下巴比伦传说中的半人半神吉尔伽美什(传说中的苏美尔国王)和他的凡人朋友恩启都。这两种意识形态在这个传说中共存,具体体现在这对好友和他们的命运中。

吉尔伽美什的祖先乌特纳比西丁(Utnapishtim)得到梦的警示后逃离了大洪水——死亡;乌特纳比西丁相当于伟大不朽的水神。(在他的朋友恩启都死后)吉尔伽美什向乌特纳比西丁求助,就像那个向水神寻求永生的印第安青年那样。他虽没有禁食,但在通向死亡之水的黑暗和艰险的道路上,他几乎没有食物。他在旅途中疲惫不堪,进入梦中(死亡之眠)后向乌特纳比西丁的妻子讨到了面包。尽管吉尔伽美什从下界返回时并没有得到长生不老药,但这个故事不是被当作梦而是被当作神话那样来讲述的,整个故事情节都是由梦境决定的。

》性时代的英雄

梦向吉尔伽美什预告草原人恩启都即将到来,他注定要成为这位英雄的凡人朋友、战友和兄弟。

> 有一次,吉尔伽美什梦见一颗陨星掉落在他的背上,就像天神安努(Anu)寄生于他身上。他梦见自己无法抖落它,因为它比吉尔伽美什更强壮。最后,他像压在女人身上一样,把自己紧紧地压在上面,然后把它扔在他聪明的母亲宁松(Ninsun)的脚边。宁松把那颗陨星视同吉尔伽美什。第二次,他梦见一个人,一个每个人都支持或反对的人。像对待天上的那颗星一样,吉尔伽美什也把他扔在母亲的脚边。他同样把自己压在上面,他母亲也一样把那个人视同吉尔伽美什。他母亲把这两个梦与他未来的朋友兼同伴恩启都联系起来加以解释。恩启都来到了乌鲁克(Uruk)的埃雷克里(Erekli),吉尔伽美什与他打招呼,两人成了朋友。①

因为这个具有巫术的人必须使梦变成现实,它预示着未来。② 在同一个晚上有两个相似的梦,这促使我们更深入地探究与即将来临的性时代有关的灵魂问题。母亲的出现表示她对她的儿子和儿子的兄弟的赞同。她对梦的解释取代了她自己的受孕和生育之

---

① 参见 Jensen 1906,1:7。
② 詹森(Jensen 1906,1:583ff)后来做过有说服力的论证,这些(必须变成现实的)梦在《列王记》(17:19-22)中以以利亚(希伯来先知)唤醒死者的方式被记载为真实事件:"现在他把寡妇之子毫无生机的身体放在他的(以利亚的)床上,三次把自己的身体伏到上面,把他救活了,然后把他交还给他的母亲。"[詹森的解释]

梦,这一场景吉尔伽美什曾两次梦到(也是替她梦到),并随着性时代的兴盛,首次被归因于母亲。

我并不是说在巴比伦的传说中母亲的梦移置成了儿子的,也不是说儿子的梦意味着与母亲发生了扭曲的乱伦,尽管这个梦使吉尔伽美什成为恩启都的创造者,吉尔伽美什的母亲通过释梦接受了恩启都。泛灵论阶段的梦恰恰具有这一特征,吉尔伽美什创造恩启都的方式,就像上帝创造人(从死亡中唤醒他)那样,而不是像父亲生育儿子那样。因此,吉尔伽美什的身上绝大部分是神,比恩启都更接近永生。恩启都是由吉尔伽美什创造的,由女性所生,具有英雄的凡人灵肉之躯(他被同样"塑造成英雄")。

恩启都用他不具有永生这一命运证实了这种解释,这显然受到来自性意识形态的影响。恩启都和沙漠上的动物们过着幸福的生活,在那个猎人出现之前,都没有受到人类欲望的干扰。因为恩启都把猎物从猎人那里赶走了,为了报复他,猎人假扮成从伊斯塔(Ishtar)神庙来的妓女,给恩启都带来了厄运。恩启都受诱惑失去了他的"贞操",动物们抛弃了他,他在这里没了栖身之处。他开始诅咒女人,因为女人带给他厄运。他变得恐惧,面对死亡的征兆忧心忡忡——死亡很快就到来了。就像自己也死了一样,吉尔伽美什为恩启都的死哀悼:这的确表示随着吉尔伽美什的凡人部分与恩启都一同离去,永生、神圣的部分继续存在,直到他像那个印第安青年一样,在追求永生的过程中死去。违背了神的意志召唤而来的、死去的恩启都的幽灵(他的鬼魂或者魂灵)宣布吉尔伽美什的死亡并杀死了他。

像性时代的英雄亚当那样,恩启都没有抵制住性的诱惑,失去了永生。与之相反,吉尔伽美什抵制住了伊斯塔的诱惑。

"来吧，吉尔伽美什，做我的情人吧！把你身体果实给我！做我的丈夫，让我做你的妻子。"她就这样说着，用热情洋溢的承诺来表达着她的求爱。可是他知道她的过去、她的反复无常，以及她给她的情人带来的种种不幸：她已经用各种方式折磨了五个情人……。然后这第六个情人，即她父亲的园丁伊施拉努（Ishullanu），轻蔑地拒绝了她的请求。她把他打倒在地并把他变了形——大概变成一只被逮住并捆绑起来的动物。（Jensen 1906, 17ff）

就吉尔伽美什来说，禁欲和屈服于诱惑同样危险。愤怒的伊斯塔派来了一只强大的"天牛"，这个动物打伤了恩启都。但他不是因伤而死，而是因杀死了公牛而亵渎了神明，众神定了他死罪。他梦见死亡后第二天就生病了，在第十二天去世了。吉尔伽美什万分悲痛，可怜地喊道："难道我不能像他那样躺下休息，永远不再起来吗？"（Jensen 1906）

寓言与神话

吉尔伽美什的传说证明，随着性时代的到来，泛灵论的民间故事变为了英雄神话：在民间故事中，梦中行动是真实的；在英雄神话中，英雄将梦变成现实。在民间故事中，梦的母题是英雄的兄弟或孪生兄弟，代表了他灵肉双重之躯的肉体，即梦中的具身灵魂。另一个主题是英雄处于被动地位，他就像做梦一样经历每件事，他的愚蠢、缺乏经验和天真揭示了残存的古老灵魂信仰，这种信仰因对性的认知和对性意识形态的接受而丧失。英雄是孤独的，没有帮手，没有保护神或者灵肉之身的另一半，但他把凡人和不朽的两个灵魂结合于一身，即半人半神。在灵魂时代，英雄为了获得永生，即来世而死；而在性时代，英雄死亡后把他的永生转移给他的子嗣——他在后代那里实现永生。

在吉尔伽美什史诗中，我们看到了两个并存的意识形态，体现在英雄和他的另一半身上。吉尔伽美什的死亡符合过时的泛灵论意识形态，恩启都符合新的性意识形态。这个神话还告诉我们，性是不可避免的，禁欲和接受性同样带来灾难：死亡。[①] 但我认为重要的是，不像《圣经》和西方道德中描述的那样，死亡的最初原因不是性，而是以自我为中心的永生愿望。**这就产生了性阻抗，因而性被解读为罪恶。**亚当因渴望永生而死，但不是因为性。恰恰相反，性是强加于他和夏娃身上的一种义务。我们可以在《圣经》的记载中看到这一点，只要我们不从教会的精神层面将此解读为性原罪的话。禁果相当于生命之草或"药"，这使有性生殖的永生是多余而不必要的，因为禁果带来了原始的、利己的永生。

》《圣经》前的堕落

比《圣经》还早一千年，苏美尔人就有与此相似的记载，其

---

① 在原始人的传说中，否认梦的真实性，即灵魂的不朽的故事数量并不多，其中之一与违犯性禁忌有关。韦斯特曼（Westermann 1900, 457ff）在克佩勒（Kpelle）传说中记述了一个不同寻常的梦故事，故事的最后一句话说明梦中的事情不是真的："他所梦到的事没有得以实现。如果这个年轻人的梦在现实中存在，那么所有的梦都会实现。"故事的主人公克帕纳（Kpana）和朋友们去钓鱼。吃完饭后，他倚靠在鱼篓上沉睡过去，鱼篓在他的衣服和身体下面腐烂了。他梦见自己来到另一座城邦国的国王面前。国王将女儿许配给他，条件是他不回家。石头（身份为梦神）为他的新娘送上了一份丰厚的结婚礼物，但要想永久地拥有这些财富和这个国家的条件是他必须与这个少女躺在一起八天而不发生性关系。然而，在第七天，他被少女的魅力征服了。他醒来了，回头一看发现衣服和鱼篓都烂了。长时间的沉睡和腐烂是死亡的明确象征，这是对未能遵守禁欲的惩罚——失去灵魂，梦未能实现。

中不容置疑地对人类的堕落做了解释。① 尽管不够全面，但苏美尔人的记载把渴望永生看作犯罪，没有提及性诱惑和"原罪"。虽然人吃了神的食物，从伊甸园中被贬黜到荒原，但他并没有陷入罪恶，反倒是达到了更高的境地。像"旅行者"那样，他虽然没有得到"免于死亡的芦苇"，但却得到了人世间的丰富物产："人啊，你要懂得富足！"（Chiari 1922）这句话的意思是人类应该放弃永生的渴求，专注于今生。这个关于一个民族（部落）而不是个人的传说证明我们没有因为受到惩罚而失去永生——我们从未曾拥有过的东西——但我们在向往和渴求中浪费我们的生命：为了追求永生，我们牺牲了人世间的幸福。

苏美尔人的记载强调了一个重要的《圣经》主题——饮食，在吉尔伽美什史诗和温内巴戈神话中也有同样的记载。苏美尔人的传说是用这样的语言描写人从伊甸园中被赶出的："走吧，到地里去，种些吃的吧！别再找我！"（Chiari 1922）人从狩猎和耕种中得到了充足的食物，"人子的手一旦能够到食物，他们的眼睛就睁开了"。在《圣经》记载中，农业耕种被重新诠释成一种诅咒，而在吉尔伽美什史诗中，史诗中的主人公在被"赶出"永生的神界后回家的时候，依然从乌特纳比西丁的妻子那里得到了面包。乌特纳比西丁还教他从淡水中采集一种尖尖的植物。与人间的食物不同，这种植物是一种长生不老的草药。但这只能够保护他免受来自海上的威胁，当蛇把这种草药从他手里抢走后，他在陆地上郁郁寡欢地前行。但人们不禁会注意到，吉尔伽美什并没有马上吃这种被他誉为长生不老药的草药，这是因为这种食物不能吃，只是灵魂的护身符。将这一观点与原始的

---

① 参见 Chiari 1922。

斋戒仪式和将进食视为摄入灵魂物质（神力）的观点相比较，我们发现所有这些神话都在告诫我们，要更多地关注人世间而非灵魂的需求，或者至少要让营养满足身体的需求，而不是宗教需求。

正如斋戒的例子所显示的，**灵魂的食粮，或者说神赐的食物，是不依靠（尘世的）物质而生存的超人能力**。信仰生殖永生而接受性成为一个强有力的主题，影响到关于食物供给观念的转变：摄取更多更好的食物来补偿性行为中灵魂力的损失。我认为，为自由、脱离肉体的灵魂摄取人世间丰富的食物，这一想法也来自梦中的体验。在坟墓里放置食物（和其他生活必需品）是对具身灵魂的前泛灵论信仰中普遍的做法，这种具身灵魂依赖于身体及物质需求。在泛灵论的灵魂信仰中，禁食相当于睡眠状态。吃东西是一个"唤醒信号"，提醒做梦的人他是会死的，也证明他仍然活着，而不是达到了安息。

▶ 自然及艺术食粮（文化）

为了进一步挖掘我们的主题，我们可以讨论一下从自然的食物（狩猎和采集）到畜牧业和农业的转变。这一转变和其他物质文化现象一样，在很大程度上可以用灵魂的意识形态来解释。我们可以从以上提到的传说中看到从灵魂时代到性时代的转变：在前一阶段如何获得自然的食物（天堂），而在后一阶段如何有计划地生产粮食。在利用动植物的繁殖受精之前，人类必须承认性行为。这就是《圣经》"知识"，在苏美尔人的历史记载中，就是从生殖永生过渡到个体永生：我们用丰富的食物、衣服和其他物品来丰富我们人世间的生活，使它更容易忍受。① 如果完全从字面上看，这本身就是带有目的性的。这种"实用"的、在农耕和繁殖家畜中象征性地表达出来的性认知本身②，可能会导致狂妄和贪婪，使人们遗忘来世以及灵魂的"救赎"。

大洪水史诗

我们最早的史诗，即关于大洪水的传说反映了最初的性意识形态具体化的瓦解，这部史诗讲述的不是某一个个体而是所有人（人类）的命运。在这样的传说中，所有（在新的意识形态下）靠性来繁殖的生物都必须被摧毁，除非只为满足生存的需求，不再为了满足我们的奢侈而繁殖。这一作为事实出现在《圣经》中的首部史诗在吉尔伽美什史诗中被乌特纳比西丁以寓言的方式讲述。乌特纳比西丁向主人公解释了一个人如何达到神赐福的地方。大洪水的故事不仅仅是传说，很显然，它来自梦。在众神们决定用洪水摧毁城市之后，深渊之神伊亚（Ea）用梦向乌特纳比西丁发出警告："你这个舒里帕克人（Shurippak），乌帕-图图（Upar-Tu-

---

① 来到乌特纳比西丁面前的吉尔伽美什不仅饥饿而且全身赤裸，从乌特纳比西丁那里得到了回家路上吃的食物（面包），外加永远穿不破的美丽衣服（像亚当和夏娃原始的树叶的衣服，后来被兽皮取代了，就像田间的庄稼取代了树上的果实）。农业推动了从性意识形态到私有权的转变，因为收成就像孩子一样是由个人力量创造的，而在前性时代，大自然的牧场属于集体（社区）。

吉尔伽美什没有想好如何处理伊斯塔送给他的天牛，他拒绝了她的求爱，只能杀掉牛并把牛角做成装饰，除此之外别无他法。相比之下，牧羊人雅各和他那些有斑点的羊羔就显得要幸运多了。

② 参见"Die Symbolik"[Symblism], Rank 1922d, chap. 2, esp. 28ff。在那本书中（Rank 1922d, chap. 4, "Zur Deutung der Sintflutsage"），通过与个人梦的比较，我也提出了大洪水梦来源的假设。

tu）的儿子！盖房子，造船！放弃财富，逃命去吧！把各种各样的活物带到你的船上。"（Jensen 1906）

这个故事告诫吉尔伽美什，不能用他的方法来获得永生，不能把这个作为一生的目标来追求，只能被动地做好准备，就像在民间传说的梦中那样，英雄往往在睡梦中从神那里获得他不朽的灵魂。在灵魂意识形态中，这意味着尽管人们接受了新的信仰，离开注重实际的性时代，人们还是要逃避到梦中，梦证明了灵魂的存在和永生。

我们思考一下经典的性时代神话——俄狄浦斯神话，它说明了我们如何进入释梦的心理时代，不过在此之前我先总结一下我们对叙事史诗的研究。民间故事以其最隐蔽的形式反映了在前泛灵论时期人们把梦描述为清醒着的体验，将梦等同于现实。这样是可能的，因为民间故事所反映的意识形态具有神秘色彩。最好的例子是发生在性时代如梦般、民间传说式的《奥德赛》。奥德修斯是一个被动的梦中的英雄，他在睡梦中经历了一切。当然，对他来说，最终的结果是好的。他避开了下界的致命危险和上界的性威胁。总之，就永生而言，他命运的意义是显而易见的。

与民间故事不同，来自古代文明的英雄神话属于性时代。这一时期，梦与现实截然分开，只有通过英雄的积极努力才能让梦成为现实。神话往往讲述了超人竭力付出，但未能获得永生的故事。结尾也是悲剧式的，这与民间故事大团圆的结局形成鲜明的对比。在英雄传说中，梦只有在转化为现实的情况下才是真实的，这也许与只有通过后代才能实现永生有关。在这些传说中，最典型的是希腊的俄狄浦斯传说，因为它让性意识形态服务于个人永生。与民间故事的精神意识形态相反，在神话中，英雄孤身一人：在他必死和永生的自我（或在他的儿子）中，他代表了民间故事中灵魂的双重之躯（朋友、帮手、兄弟）——这来源于梦的意识形态。

与前面说的民间故事和神话形成鲜明对比的是，史诗超越了个体而关注经历了史诗般命运的社会。这反映出性时代的集体永生在人们身上得到具体化，在集体意识中得到体现，却未能解决个体永生的问题。通过不断地扩大势力来追求集体的永生，一个民族也可能像谋求永生的个体那样全部消失。民间史诗中也有与一个民族精神和性永生紧密相关的集体灭亡的故事，我们所知道的经典的例子就是《伊利亚特》。

在泛灵论世界观中，**民间故事**将梦描写为**现世的**体验。在**神话**中，梦决定着**未来的**行动：在性时代，永生的意识形态要求梦要得以实现。最后，**史诗**把真实的事件描绘成主人公的梦中的一个**过去**事件。这是因为旧的梦意识形态无法解释真实事件，只能把过去美好时光的回忆形式当作一种安慰。幻想破灭民族的诗人们回到神话之梦的形式中，重新唤起可信赖、真实的具身灵魂当作安慰，来对抗杀气腾腾的战争。

现在，在心理时代，梦同样具有愿望实现的作用。但这不完全是弗洛伊德意义上的、意味着实现愿望的**内容**，而是哲学意义上的，只涉及梦这一现象，不涉及梦的内容，甚至与弗洛伊德的"潜在"内容都没有关系，因为弗洛伊德对梦的研究完全是心理的，不是灵魂的。这样一来，梦关系到精神层面无法实现的愿望，而非物质层面可实现的愿望。它不是以梦的内容为基础，而是以梦的存在为基础，向人证明灵魂是无实体形式的。但**焦虑梦**是个例外，在这种梦中，自我感知到自己的死亡，并从死亡般的沉睡中醒过来。①

梦作为对死亡的否认

由于第一种类型的梦证明了灵魂是不朽的，人们可能不愿从梦中醒来，但并不是因为梦能给人心理安慰（如同弗洛伊德所说的那样）。第二种类型的梦，焦虑梦，会在接近死亡的时候中断睡眠，因为梦威胁到永生。在这两种情况下，梦都起到否认死亡的作用。否认可能以积极的方式出现，如具体地展示一个人的灵魂和那些死去的或遥远的人的灵魂；也可能以消极的方式，如用死亡的恐惧唤醒沉睡者，让他确信生命是真实的。**因此，梦成为一种否认死亡的方式**：它证明你是活着的，没有在睡眠中死亡，因为做梦的人仿佛是醒着的一样，在思考和有感觉。

弗洛伊德基于愿望实现对梦的心理解释只针对第一种类型的梦，没有包括焦虑梦，这也许是因为这种梦触及了尚未解决的神经质焦虑问题。神经质焦虑与梦中的焦虑同样都反映对死亡的焦虑，心理学对此无法解释，因为这种梦代表着灵魂。梦中的焦虑和死亡本身一样没有什么"原因"，因此在灵魂信仰的各个不同阶段，人们为此不得不寻找新的原因：他们从永生愿望的角度无法接受死亡是自然现象。从这个意义上说，对死亡原始

---

① 在［某些］东非原住民的语言中，*drokuku* 的意思既是"做梦"又是"半死"（Ježower 1928, ix）。在其他语言中，睡眠和死亡在概念和言语上关系很紧密（参见 Scherke 1923, 212）。

的、最初的"解释"是正确的：死亡是精神性的，而不是因果性的。因为想把永生的想法变成现实，个体要对自己的死亡负责。

性时代的意识形态对这种解释的重新阐释，即性给这个世界带来了死亡，一直主宰着整个西方的道德观和原罪观，对焦虑和负罪感的精神分析也是在这个基础上进行的。弗洛伊德曾尝试把焦虑梦纳入实现愿望的理论体系中，把焦虑解释为被压抑的愿望，但他的努力一开始就失败了——他本人也不否认这一点。根据斯特克尔[1]和我在《出生创伤》（*The Trauma of Birth*）一书中关于焦虑的理论所强调的，由于梦体现了"死亡象征论"，这种解释站不住脚。

》 远古时代对梦的看法

存在着两种截然不同的梦：一种是古人认为确切的、真实的、"受神启发的"梦，另一种是他们认为源自自己的冲动——来自"想象"的梦。根据梦的不同类型和不同的灵魂观，人们对这两种梦有着不同的解释。古人相信在梦中个体的灵魂会离开身体出去冒险，去拜访远方的活着甚至是死去的人；在由神启发的梦中，别处的或者是死去的人的灵魂会不期造访。我们对令人高兴的或者不快的梦，即实现愿望和感到焦虑的这两种梦，分别加以讨论。第一种会让做梦的人感觉到自己脱离肉体、自由游荡的灵魂；第二种带来对死者的回忆，用焦虑提醒他自己会死亡。

---

[1] 参见 Stekel 1911。

荷马也区分了两种类型的梦——光明的和黑暗的，大致上分别对应着上界和下界。这样的情况也存在于《伊利亚特》所描写的许多梦中：神灵或者幽灵发出命令或者警告。这两种梦也曾分别被人们看作对应着未来和现在——灵魂的永生和死亡。**后来**有学者试图把第二种焦虑梦解释为灵魂不朽的愿望。按照这样的说法，无一例外，所有的梦都是受神的启发而产生的，因此可以解释为指引未来，即预言。

在梦中死去的人可能发出预言。"那些寻求帮助的人被要求躺下，睡在某座庙宇里或岩石的裂缝上（比如在皮托①），从中升起让人神清气爽的雾气，伴随而来的是梦的幽灵。光明之神阿波罗出现了，取代了黑暗大地女神盖亚。依然存在通过灵感获得的、赋予德尔菲神谕非凡力量的占卜术，并成为阿波罗崇拜的最重要元素之一。"② 因此，正如罗德在他的《心灵》（Psyche）一书中所示的那样，希腊人对灵魂的崇拜和对永生的信仰影响着最高的神和最重要的人类活动。③

对于古代的人们，就像斋戒一样，睡在寺庙中可以让寻求帮助的人处于一种特别的状态，更容易接受梦和解释梦。到公元前5世纪，关于梦的书籍和图表变得很普及。根据普鲁塔克的观点，人们很容易了解梦发出的预言和告诫，或解读梦中出现的形象和象征。正如对灵魂不朽的渴望那样，这种对梦的解读源自充斥着占卜术和崇拜死者的埃及，如何释梦也一直存在于今天的民间信仰里。

---

① 皮托（Pytho）是古希腊圣地德尔菲的旧名。——译者注
② 参见 Binswanger 1928。
③ 参见 Rohde 1925。

对梦的科学研究起步相对较晚,在目前对梦的精神观察和应用方面尚无可预见或者得出定论的领域,科学研究也一样建树不多。亚里士多德处于这个领域的顶峰①,在他之前是希波克拉底,在他之后有阿特米多鲁斯②。希波克拉底也注意到做梦者的经历和环境,以及身体状态与梦的关系。但亚里士多德率先从生理学和心理学角度研究了梦,并特别考虑了感官因素,"他不是从个体之外寻找梦的起源和本质,而是将此解释为人类精神本质的必要表现"(Binswanger 1928)。

正像阿特米多鲁斯早些时候所做的那样,精神分析融合了对梦的心理和象征解释。根据阿特米多鲁斯的解释,梦来自个体的心灵而非受到神的启示——这个科学观点最终与弗洛伊德的做法一起用两种解释方式替代了这两种梦。阿特米多鲁斯区分了无意义的和有意义的梦:前者涉及身体和心理刺激(类似于弗洛伊德的"白天的残留"),来自主观因素,而后者预示未来。

因为梦的内容不像在原始世界观中那样总是能够实现,阿特米多鲁斯把有意义的梦分为那些事件描述真实、能够(在同一个人身上)发生的梦和那些只是以寓言的形式描述未来的梦,后者通常需要依靠非常狡黠或牵强的解释。我们认识到,那些带有吉兆的梦将真实事件描绘为对梦就是现实这古老等式的"心理"解释。恰恰相反,阿特米多鲁斯首创性地系统梳理了梦中的事件,按照梦所代表的内容(出生、死亡、性、身体部位、活动等等)

---

① 参见 Aristotle, 1924, esp. "Von Schlafen und Wachen"[On sleeping and walking]; "Von den Träumen" [On dreams]; "Von den weissagenden Träumen" [On dream divination]。

② 参见 Artemidorus, 1881。其中关于性的部分已由汉斯·利希特(Hans Licht)翻译,见 *Anthropophyteia*, vol. 9。

分为不同的类别，旨在建立梦的类型学。

≫ 典型梦中的灵魂

正如弗洛伊德承认的，就像焦虑梦挑战了愿望实现理论一样，那些对于大多数人来说相似、典型的梦却无法用个体心理分析做出很好的解释。毫不奇怪，我们在这样的梦中看到了这些古老的、精神方面的内容（material），对此弗洛伊德也不得不回到神话和文明史去寻求答案来解释。例如，梦中的水关乎生死，目的在于把做梦者从并不存在、威胁生命的危险中解救出来。这足以证明梦在永生的意识形态方面具有精神意义，这与愿望实现的心理学完全不同。事实上，在很多情况下，那些被认为是源于孩童的"无意识"愿望的梦，只不过是用一种带有心理学色彩的术语重新表述了灵魂这一深不可测的概念。归因于婴儿后来受到压抑、渴望裸露而产生的"尴尬裸体梦"也代表出生（参照"一丝不挂"[birthday suit]的原始意义）或死亡（吉尔伽美什进入下界时脱光了衣服）。在《奥德赛》的一个片段中，浑身赤裸、沾满泥浆的英雄醒来后发现自己面对着娜乌茜卡（Nausicaa）——弗洛伊德曾引用这一情节来进行比较。这一片段实际上反映了奇迹般的死里逃生，就像奥德修斯在整个故事中多次经历的那样。

在这里和其他研究中，正如弗洛伊德的反对者所认为的那样，他将性元素提升到非常重要的地位——尽管他并不总是这样做。以飞行的典型梦为例，弗洛伊德在《梦的解析》第一版（1900）中将这种梦解释为再现孩子荡秋千时的愉悦感，之后他又根据鸟作为性的象征将此解释为展示男性的力量。① 然而，在《梦的解析》（1900，175）中我们看到一个四岁小女孩做了这样的梦。弗洛伊德把其中孩子们飞走的场景解释为象征着死亡，但这仅仅是因为他想证明这个小小的自我中心者希望她的兄弟姐妹和亲戚都死去。于是，他们都在梦中飞走（像天使那样）。虽然出于正常的自我中心心理，小孩子希望拥有有时可以在身边，有时又去找别人的玩伴，但是梦中更深层的自我中心的意义则是希望，即使我们死了，我们也不会真的死了；如果我们有翅膀，我们就可以像活着的时候那样飞回来玩耍。虽然弗洛伊德（1900，172）将所爱之人死亡的典型梦解释为希望他们死亡这一愿望的实现——按照这样的说法，这是他童年时就在压抑的愿望——但他没有解决问题也没有真正对这些梦做出解释。他把孩子的死亡愿望局限在同性父母身上（这些梦经常反映出这一点）。在性意识形态的范畴里，他由此把灵魂象征（永生的意识形态）"解释"为妒忌冲动。为此他在俄狄浦斯的传说中找到了证据，俄狄浦斯在不知情的情况下杀死了自己的父亲娶了自己的母亲，发现所犯罪行后他选择了让出王位。

正如亚当的死不是因为性而受到惩罚那样，俄狄浦斯的堕落也不是因为乱伦和弑父而受到惩罚。这里根本就没有"惩罚"，只是众多死亡"原因"的一种，是出于人们在追求永生时对死亡的否认。但与远古时期的人（"旅行者"）不同，俄狄浦斯没有直接寻求永生，相信个人灵魂的存在。这一点与吉尔伽美什和阿喀琉斯不同，这两位都是从下界召唤回死去的朋友和自己的幽灵。而

---

① 他还用保罗·费登博士（Dr. Paul Federn）飞行感觉的解释来支持他的观点，认为飞行是勃起的象征。

在这个新的性时代，俄狄浦斯是通过否认他父亲的存在，希望通过母亲的重生来获得永生。像其他英雄一样，他死于追求永生。

弗洛伊德从心理学的角度解释了这个灵魂神话，他称之为孩子与父母的性关系。由于两性在生理上的吸引，孩子想要得到异性的父母而仇恨同性的父母。在这个例子中，我们可以很容易地发现心理学是从灵魂信仰中产生的。泛灵论本质上是对弗洛伊德在心理学上所解释的相同事实的一种前科学解释，如果有人对此持反对态度，那么就非物质和虚幻具有明显的首要地位而言，这样的反对是站不住脚的。

在原始的和文明的民族中都出现的近亲通婚或乱伦明确支持这一观点：无论存在怎样的这种关系，比如原始人之间的群婚、精神集体主义的群居表现形式，抑或是像在性时代的高度发展状态中所展示的，近亲通婚或乱伦都是具有深奥意义的宗教行为。这两种情况下的乱伦关系都是精神层面的梦意识形态转化为现实行动的例证。作为俄狄浦斯传说组成部分的乱伦梦并非来自被压抑的乱伦愿望。真正的乱伦也许是这种梦的行为体现，其中所包含的并不是想与母亲性交的愿望，而是为了证明自我的精神永生意识形态。

俄狄浦斯传说发生在性时代，那个时代里英勇地谋求永生的个体了解到梦将无法变成现实，他们不得不放弃灵魂信仰。在古希腊悲剧诗人索福克勒斯所著的《俄狄浦斯王》中，伊俄卡斯忒提到的乱伦梦证明了这一观点："很多男人梦到与母亲发生关系。**但对此并不在乎的人**在生活中轻松前行。"（Sophocles 1875, line 995）这绝不是为这一普遍的梦进行辩解。相反，她呼吁人们接受这一主流意识形态，不把梦得以实现作为灵魂信仰的证明，不再强调梦的重要性。

俄狄浦斯这样回答他的母亲：要是她当时不在场就好了，意思是如果他没有把梦变成现实就好了。有趣的是，作为性时代的灵魂载体，这位母亲认为"没有什么"梦可以为男性做梦者提供一个自我安慰的借口。① 最后，在《俄狄浦斯》中，伊俄卡斯忒和她自己的世界观对我来说显得很特别②：接受所发生的事，不要去追究现实中的因果。③

俄狄浦斯传说揭示了心理解释是如何从灵魂信仰中产生的，是如何用性时代的观念——很适合具体化的观念——来对心理状态作生物性的解释的。传说中的性意义不符合弗洛伊德解释，而是展示了性时代对灵魂信仰的意识形态解释。弗洛伊德是从心理学的角度进行解释的，而它的深层、潜在的意义在于灵魂。**这就是精神分析的范式，用心理生物学的术语解释性时代的灵魂现象**。我们可以对这些现象做这样的解释，但如果在方法论上分离不同层面的内容和评价，就可以避免灵魂现象、生物现象和心理学概念错综复杂地缠绕在一起，而这恰恰出现在弗洛伊德的对梦的解释中。

象征的本质

当做梦者自己没有足够的能力，或者说，当触及灵魂问题导

---

① 在《朝霞》（*Morgenröthe*）中，尼采错误地认为这一说法来自主人公本人："即使是明智的俄狄浦斯也能得以自我安慰，认为我们无法控制自己的梦。"［Nietzsche 1988, 118］

② 参见 Rank 1929c, 33; 1929a, 67ff。

③ 伊俄卡斯忒："人既然被偶然性所控制，什么也无法清楚地预测，为什么还要害怕呢？自然地活着，顺其自然地生活，这是最好的。所以不要怕娶你的母亲。"［Sophocles, *Oedipus the King*, lines 976–980］

致心理学解释失败时，精神分析学家如何把握象征这一概念就显得尤为突出。这个**本质上是精神的象征代表灵魂**。这里弗洛伊德犯了个方法论的错误，只把象征用来分析性时代的性意义。值得反思的是，并不是从弗洛伊德才开始对象征进行性解释的，人们在性时代已经这样做了。弗洛伊德只是简单地把这种性解释作为最初的现象，并进一步从心理生物学的角度对其进行解释，没有认识到他只是用科学的术语重新表述了性意识化的灵魂意识形态，忽视了潜在的灵魂现象，这需要超越性和心理学解释才能理解。

基于"自由联想"的因果意识形态的心理学解释与梦本身没有任何关系。在上一章提到过，我用基于方法论的批判方法讨论了心理因果关系。① 正如弗洛伊德承认的那样，《梦的解析》一书中纯心理部分并没有体现梦固有的特征，只是把梦作为一般的心理现象，例如象征论、移置和凝缩的机制等等。但弗洛伊德将这些现象归因于无意识，在梦的解释以及后来更明确的本我（id）中，无意识只不过是在心理上对灵魂的重新阐释。

无法用心理解释来分析的象征梦和焦虑梦很好地证明了这一点，因为它们只能用无法认识的"无意识"来理解。荣格恰当地称之为"集体"，因为它与灵魂是等同的。像蛇、老鼠或者鸟等典型的性象征毫无疑问具有先天的灵魂意义，在性时代很容易进行重新阐释。弗洛伊德对它们进行了生物化，斯特克尔同样没有否认死亡的问题，但在生物性的"死亡象征论"中使用了永生的意识形态。从精神分析角度对梦进行解释面临着心理生物学方面的

---

① 尤其参见 Rank 1929a, section 2, "Vergangenheit und Gegenwart"[Past and present], 47ff。

性与死亡的对立，它们分别对应的是人类堕落带来的犯罪和惩罚①，没有涉及根本的永生意识形态。

在梦的内容中，自由联想所带来的一些非象征素材不是无意识的（unconscious），而是前意识的（preconscious）：由有心理意义的个人思想组成，不包括任何超越意识（consciousness）的"神圣的"或者灵魂内容——这与弗洛伊德对无意识和重要的梦之深蕴的评价非常相似。因使用了科学术语，用现在性意识形态的具体化形式解释尚未了解的梦，他把这些深蕴肤浅化了。对梦的心理解释并不能解释梦现象，因为所有有意识的内容都可以像在精神分析中那样，用相似的方式解释。也就是说，人们可以将它们与处于无意识但有可能有意识的其他内容联系起来。

对弗洛伊德来说，与亚里士多德一样，梦的独特性仍然在于睡眠状态。作为第一个研究梦的心理学家，亚里士多德颇费周折地让自己脱离了柏拉图式的灵魂学说。在他晚年的文章《论梦的预言》中，他用心理生理解释代替了梦的预言功能。像亚里士多德一样，弗洛伊德坚信梦预示着无意识的灵魂活动。因此不管他本人情愿与否，弗洛伊德发扬光大了梦的古老精神意义。科学家们好像觉得弗洛伊德仍然坚持被唾弃为迷信的古老信仰，对此持批评态度。

》弗洛伊德的《梦的解析》

通过对梦的全新评价，采用实验和感知生理心理学方法，

---

① 威廉姆斯（Williams 1927）对此做了全面讨论，试图论证这些思想在犹太教中的起源，以及它们在基督教中的发展。

弗洛伊德使梦从"无足轻重"重新变得重要——这要归因于古老的灵魂信仰,而不是揭开了无意识的秘密。这些研究构成了从梦现象中产生但与梦的本质毫无关系的普通心理学。也就是说,这种普通心理学是基于解释的"科学",而不是基于对灵魂的理解。

为了说明这一点,我们从普通心理学和弗洛伊德的心理学的发展角度思考《梦的解析》(1900)的意义。毋庸置疑——而且不只是弗洛伊德的观点——这部著作奠定了精神分析的标准。我认为这是弗洛伊德式分析的真正开始,虽然人们曾普遍认为,包括弗洛伊德本人也认可约瑟夫·布洛伊尔已经开始做这样的分析了。尽管在心理学上与布洛伊尔有关系,但正如在《梦的解析》中说明的那样,这是弗洛伊德的创新。撇开它的精神分析意义不谈,这本书的观点代表了科学心理学发展的一个转折点,它不仅提供了新的知识,还纠正了传统的偏差。

就科学而言,弗洛伊德的《梦的解析》标志着主观心理学的重大进步。弗洛伊德摒弃了"研究被试",把做梦者既当作主体也是客体进行研究。弗洛伊德在本书的序言中声明,他的内心世界以一种在科学领域前所未有的坦白方式展示给陌生人。弗洛伊德的态度是可贵的,任何对此的批评都对他有所玷污。但他的研究方法值得怀疑,因为作为精神分析的创始人,他的分析过程中掺入自己的个人兴趣,从而影响了对数据的客观、公正分析。我们不应苛求这一点,而是应客观地评价《梦的解析》。一方面他这样做在所难免,另一方面这是理解弗洛伊德的理论价值及其心理学研究贡献的唯一方式。

以非常个人的方式展示出来的研究素材力求说明梦的普遍意

义，那就是建立一门解释梦的科学。但正如评论家所看到的那样①，其包含的解释远远多于对梦的分析，更不用说关于梦的心理学了，充其量这只是一门无法阐明梦的心理学。即使是基于先前的心理分析，释梦从来都不是也永远不可能是科学的。梦的意义是与灵魂相关的，所以对其解释要符合灵魂意识形态。在这里和心理分析之间存在一个界限，虽然人们可以跨越这个界限从而对大多数类型的梦进行分析，但是，这个界限一直存在。这就使《梦的解析》处于一种二元论的境地，《梦的解析》对此竭力弥合但没有成功。

在《梦的解析》第二版（1909）的前言中，弗洛伊德以其本人并未意识到的方式暗示了本书的意义："我认识到过去所做的一部分是自我分析，是对父亲去世的反应，这是非常重大的事件，是一个人的一生中最痛楚的损失。"这一不经意间的个人感悟却涉及弗洛伊德精神分析的理论基础，这是在第一版书中就已经奠定的理论基础，以后也一直没有变化。弗洛伊德袒露了他的心理学的主观来源，但似乎这件事与他建立恋父情结理论无关，只是目前很高兴证实他的个案与这个理论相符。诚然，带有主观成分的洞察力并不影响它的发现的客观价值，但不得不承认弗洛伊德理论的整体价值值得质疑。即使在分析中，根据平常的经验，父亲的去世也绝不是每一个人生命中最重要的事件，它有时只是扮演相当从属的角色。我想说的是，在弗洛伊德出版《梦的解析》之前，即使对弗洛伊德本人来说，父亲的死也不是他一生中最重要的事件。那么，下一个问题——他本人为什么会相信这一点，并把这一假设看成是普遍性的？——比关于梦的任何理论研究都更

---

① 例如 Mittenzwey（1912）。

能将我们引入更深层次的心理学问题。

》父亲之死的重要意义

关于弗洛伊德的学说，就人们是否应该以及在多大程度上相信一个人对自己的陈述在心理上是真实的这一问题一直存在怀疑，怀疑甚至存在于精神分析中。弗洛伊德的分析告诉我们要对这种断言持怀疑态度，因为压抑通常会导致最重要的事件从注意中消失。

正如人们所料，在对梦的分析中弗洛伊德并没有立即认识到这一点，在几年之后他对自己的书进行再版时才察觉到。同时，他已经将在《梦的解析》中起重要作用的俄狄浦斯情结确立为他的心理学的核心理论，因此他更倾向于看到他本人的恋父情结。但奇怪的是，在《梦的解析》所声称的忏悔（confessional）中，弗洛伊德与布洛伊尔的关系没有起任何作用，而一个早已在心理和精神上长大独立的成年男性失去年迈父亲的平常事件却显得非同寻常地重要。哪个事件对于四十岁的弗洛伊德更重要：是父亲的死亡，还是他与此同时与布洛伊尔之关系的断绝？这一点应该毫无疑问，弗洛伊德对神经症患者的理解和所获得的成功都离不开布洛伊尔，与他的分道扬镳肯定是迫不得已。

我不想过多谈及他的个人细节，不去分析弗洛伊德本人，我仅使用众所周知的事实，把这当作一种投射机制去分析他的心理和普通意义上的心理学。投射的目的是安慰自己，从而将注意力从一个人身上转移出去。如果太多谈及弗洛伊德在完成《梦的解析》之前他的梦所涉及的内容或者如何受到他与布洛伊尔之关系的影响，这些都会偏离我们的主题，而且会导致过多地涉及个人因素。任何一位读者都能利用这一关键事实，尽管弗洛伊德本人对此只字未提，但其中的关联非常明显。

也许弗洛伊德在第一版的前言中提及他与布洛伊尔的关系时，只把这当作一次正当的"个人决定"。但这不是事实，因为这次与布洛伊尔的分道扬镳是众所周知的，而且弗洛伊德公开了一些远比自己对一位老同事的矛盾感情更为亲密的细节。所以我们不得不在这两种观点之间做出选择，即他与布洛伊尔的关系对弗洛伊德在两人分手期间所做的很多关于梦的分析没有影响，抑或这件事对弗洛伊德有非常大的影响，以至于他选择了否认，用他与父亲的常人关系来代替这一点。

弗洛伊德与布洛伊尔的关系

弗洛伊德放弃了早年学医的理想，与此同步，他与布洛伊尔的分歧似乎是逐渐产生的（开始于约1895年），只是到最后连他们的个人关系也中断了。[①]《梦的解析》应该被看成是对这一损失的反应。这里，"死亡"，或者更确切说是"杀死"布洛伊尔被转移成同一时期弗洛伊德父亲的死亡。我们暂且不谈这一移置的目的和动机，让我们简单回顾一下否认现状和移置过去对弗洛伊德的理论产生了怎样的影响。

用弗洛伊德的父亲代替布洛伊尔，用父亲的死亡代替失去布洛伊尔，这样的移置一旦发生，就需要为希求父亲死亡的愿望寻

[①] 也许弗洛伊德父亲的去世（1896年）导致或者加速了他与布洛伊尔的最终分道扬镳。

找童年时期的动机,这样的愿望似乎出现在弗洛伊德的梦中。弗洛伊德在俄狄浦斯的故事中找到了这样的梦,它占据了《梦的解析》的核心地位并使弗洛伊德建立了自己的心理学。俄狄浦斯素材让人们将杀父的愿望与占有母亲的欲望联系起来,从而假设性冲动是这些狂野愿望的来源。

在继续下去之前,我们需要谈一谈这种从现在到过去,从弗洛伊德的个案到普遍性的移置的原因。我认为答案很简单:从广义上讲,这样的移置具有治疗作用,代表了我们内在(灵魂)世界的普遍过程。当然,正如弗洛伊德本人所展示的那样,在一个人的各种冲突中总会有一些人与人之间关系,正是这些关系让治疗效果能够实现。如果可以把这种"父亲,我犯罪了"(Paler peccavi)的情感从现在移置到过去,就可以产生短暂的负罪解脱感、安慰感和宽恕感。对于弗洛伊德来说,现在与过去的关系在于负罪感,即在于他与布洛伊尔的关系,也在于他与父亲的、没有从父亲"移情"到布洛伊尔的关系。但正如人们可以从他的理论中看到的那样,弗洛伊德在《梦的解析》中不止一次地试图用恋父情结来理解和解释他与布洛伊尔的关系。换句话说,无论是作为问题还是记忆,布洛伊尔本人及其与弗洛伊德的关系都不存在了。**这种关系被完全否认了,代之以父亲**。我之所以说"否认",是因为与布洛伊尔产生冲突带来的、痛苦的新鲜记忆——弗洛伊德决绝地与他分手——能够像《梦的解析》中所说的那样被抹去,这在心理(学)上是不可能的。

这一遗漏不可能是出于"谨慎"的原因:在如此关键的领域否认与布洛伊尔的关系无疑削弱了这本书的价值。据我所知,布洛伊尔甚至没有以名字缩写的方式出现在《梦的解析》中。弗洛伊德把需要**感谢**的人称为"朋友 O",把**对手**称为"朋友 P",这些都是在书中扮演着重要角色的同事。很显然,弗洛伊德选择了无视布洛伊尔的存在。在涉及他"叔叔"的梦中,令人吃惊的是,在他的五位叔叔中,弗洛伊德只提及了名字为"约瑟夫"的叔叔(Freud 1900, 96n)。他进一步将明确表示"杀死"布洛伊尔的"不去造访"(*Non vixit*)之梦与(Freud 1900, 241ff)约瑟夫大帝(Kaiser Josef)联系在一起,进而和父亲联系在一起,因为父亲与家人住在约瑟夫大帝街(Kaiser Josefsstraße)。(弗洛伊德将这个梦变成了"*non vivit*"。)对于《梦的解析》中频繁出现的"约瑟夫"这一名字,弗洛伊德的解释是将自己看作《圣经》中为法老释梦的约瑟夫,而不是将自己代入成自己的朋友约瑟夫·布洛伊尔。①

》否定布洛伊尔

鉴于以上这些,如果说《梦的解析》旨在辩解布洛伊尔不存在,而留下不那么难解释的父亲,那当然是不合理的。弗洛伊德关于去世的父亲的梦可以从心理学角度理解为对布洛伊尔的移置,这从灵魂信仰的角度证明了普遍的灵魂和个人灵魂的永生。在他的梦中,弗洛伊德需要确保在"杀死"布洛伊尔和他父亲去世后得到自己的永生。最后,我们发现了在梦中出现已去世父亲的第三个动机,这也许与焦虑梦有关:弗洛伊德意识到想要抹去依然

---

① 我怀疑弗洛伊德在与布洛伊尔分手后,如何忘掉布洛伊尔这个问题,以及他写作《梦的解析》,都与他压抑对布洛伊尔的记忆有关。弗洛伊德(1901)的第一个例子是他记不起意大利画家西诺雷利(Signorelli)的名字;相反,他想到了两个替代名字——都是以字母"B"开头的。(Sigm 是弗洛伊德自己名字的缩写。)无可否认,这个发生在弗洛伊德陪伴了一段时间的一个旅人身上的记忆错误涉及被压抑的"死亡"想法。

活着的布洛伊尔的努力不成功。在这里，我们又一次触及从心理学角度解释灵魂梦的重要原则。

人们仅仅是从父子关系的角度来解释弗洛伊德父亲出现的梦，父亲形象的意义从未受到质疑。弗洛伊德知道在梦中一个人可以替代另一个人，他广泛使用了对这种所谓的混合身份的解释方法。但是，当他父亲出现在梦中时人们只把他当作梦中人物。同样，弗洛伊德认为与自己母亲发生关系的梦也是没有歪曲（distortion）的梦。这似乎说明弗洛伊德意识到这些古老的灵魂主题没法从心理学角度得到解释，但那些布洛伊尔潜藏在父亲背后的梦可以解释为什么后者无法得到很好的解释。为了揭示这些梦的潜在内容，弗洛伊德不得不在他的无意识中寻找被压抑的对抗父亲的冲动。**但他的歪曲涉及的是显梦**（manifest dream）**中的人，而不是思想内容**。换言之，如果正确地将布洛伊尔放在弗洛伊德父亲在梦中出现的地方，就能修正对主体的歪曲，然后显梦的内容（至少它的大部分）就能够显现出它的意义。

》 弗洛伊德治疗中的因果原则

在此我们看到在理论和治疗双方面**心理学均诞生于自我欺骗**：在理论方面，这是因为复杂的联想和分析手段，也许还有梦的产物，都没能掌握事情的真实情况；在治疗方面，这是由于为现在找到过去缘由的减压性（或者释放性）情感移置需要得到理论的证明。治疗性的移置只有在没有涉及真正的目标，在心理上是错误的时候才能起到减压的作用。从这样的移置中弗洛伊德推导出一条普适的心理因果律，旨在通过一系列的自由联想来逆转移置。

这之所以能够成为可能，只是因为弗洛伊德把某种移置排除在一般的（目的在于减压的）歪曲偏向之外，也就是说，把**从现在到过去**的特定移置宣称为因果解释的原则。

然而，在强调向过去移置的回归（regression）学说中，现在他去掉了能够支撑他的治疗性移置的真正"原因"，从而犯了逻辑循环的错误（*petitio principii*）。为什么从父亲身上得出现有冲突的原因不也是一种回归呢？这可以是从现在到过去的一种令人感到安慰的移置，就像在因果链中伪装成回归的另一个方向的任何移置一样。①

因此，弗洛伊德的《梦的解析》在很大程度是一种治疗尝试，但它没有从实现愿望角度对现实有所改善，而只是通过梦和释梦证实了被改变、被扭曲和被否认之现实的存在。对于弗洛伊德来说，布洛伊尔已经死亡。因此，他不存在于弗洛伊德的梦中，也就无从解释。弗洛伊德用梦作为一种治疗手段，即在自我认知方面把这当成对灵魂的安慰。这是因为他不容许希望死掉的人出现，所以就"杀死"他，而在这里就出现了他没有杀死的逝者（他的父亲）。②

在灵魂时代，另一个人的灵魂出现在梦中说明他得到了永生，而布洛伊尔从未出现过，则说明他死了。弗洛伊德想要证明梦不是像迷信的那样显示的是死者的灵魂，而是以某种心理形式（愿望）出现的我们自己的灵魂。那样一来，《梦的解析》就不那么必要了——尤其是它不得不利用与死去的父亲有关的古老灵魂信仰

---

① 事实上，根据我在《出生创伤》（Rank 1924b）中所做的评论，这种可能性甚至在理论上也得到了弗洛伊德追随者的认可（例如，参见 Alexander 1925, 173ff）。

② 同样，被麦克白亲手杀死的不是邓肯的鬼魂，而是在他的命令下被杀死的班柯的鬼魂。

对梦做进一步的心理解释。因此，这本书呈现的只是治疗方法，不是心理学，正如古老的灵魂信仰是治疗性的，并没有心理学意味。在《梦的解析》中，愿望实现不在于梦的内容而在于解释；而在灵魂时代，愿望实现体现为梦本身（无论什么内容）。现在，**在心理时代，梦不再需要转变成现实：现实出现在梦中，在梦中得到证实。**

用现实与梦中事实是否相符来解释梦的古老做法被倒转过来了：心理解释方式是用被证实是假的现实来解释虚幻的梦中内容！正如别的观点对应于灵魂时代的泛灵论意识形态，这样做符合心理时代的现实意识形态。如前所述，梦没有永久的意义和解释方式。梦境中的现象有多种解释，以适应不同时期的意识形态：泛灵论的、性的或心理的意识形态。对梦的解释总是在维护和证明每一个新的意识形态构想。

最初，梦以肯定的方式（愿望梦）和否定的方式（焦虑梦）证明灵魂的存在：一个人的具身灵魂会出现在梦中，（已死去的）其他人的灵魂也一样，尽管有人不希望他们活着。在性时代，从灵魂信仰的角度看，梦是用来改变现实的，为灵魂信仰提供有形的证据，证明灵魂的真实存在。最后，心理时代从现实的意识形态角度解释梦，目的在于保护正在消失的灵魂信仰。

通过回顾梦的内容是如何随着不同时期的主流意识形态而变化的，我们可以理解这些梦的区别，正如在个体发展中简单的愿望梦和明确的焦虑梦后来被幻想和思维梦所取代，以符合心理时代的现实，而早期形式的梦主要属于泛灵论时代和性时代。泛灵论时代的愿望梦对现在有重要意义；在性时代的焦虑梦中做梦者抵抗生殖永生，这对未来有重要意义，因为灵魂信仰变成了实际行动；心理时代的幻想和思维对梦的解释是基于过去的，是用古老的、灵魂存在于梦中的解释求得安慰，并不解释梦现象本身。[①] 对梦的内容的解释从未把梦当作一种现象来说明，因为灵魂所特有的、不是梦本身的愿望实现存在于每一种表达中，包括灵魂信仰。

》 梦的本质

做梦的最根本特点是处于睡眠的状态（参见本书第 116 页）。为了用梦的生理前提——睡眠——来支持他对梦的心理解释，亚里士多德提出这个设定。但是，正如我们从梦中了解到的，睡眠不仅仅是一种使梦发生的生理现象。睡眠者**对待睡眠的态度**、对待他睡着的身体的态度构成了**梦的本质**。这里所说的不是对待普遍意义上处于睡眠状态的身体的态度，而是对待像死了一样的睡眠，以及**像死了一样**一动不动的身体的态度。这种态度会随着睡眠的种类和深度以及做梦者的心境而改变，并总是力求否定死亡，确定睡着的自己生命还存在。

现在我相信做梦是生命的一种表现形式，目的是消除与生俱来的睡眠状态下对死亡的焦虑。在梦中这表现为思考、感受和观视（seeing），即各种感官和身体器官的功能；而在神话中，例如，这表现为吃东西和被我称为"清醒症状"的其他功能。根据不同的睡眠深度和心境，睡眠者用不同的方式解释处于睡眠状态的自己。最初我们证明我们的饥渴在幻觉中被平息：梦不需要满足有

---

① 校对文稿时，我在对阿基利斯（Achelis 1928）的讨论中发现了关于叔本华哲学的一句话："所有的梦都是真实的梦。"

形的要求，但需要证实人的存在，因为梦见口渴和梦见水就足够了。

这也同样适用于与性相关、在分析中象征着生命的梦，适用于把梦解释为具身灵魂的存在。在这里，我们迈出进入超自然领域的有意义的第一步：我们保证不仅在睡觉时活着，而且我们不会死，所以我们才睡得很安稳。

现在来探讨灵魂信仰的消极、黑暗的一面，因为其他人的灵魂，尤其是死者的灵魂，也会出现在梦中。我们不能在永生理论中统统这样解释，但有的时候把这一现象解释为对我们自己死亡的一种提醒。换言之，在某些心身状态下（睡眠状态和心境），睡眠状态和出现在梦里的自我都可以被解释为死亡提醒，它迫使睡眠者醒来，可信地证明自己还活着。有些梦的情绪基调更多地依赖于身体，如表现在睡眠状态中那样；有些梦取决于解释睡眠状态的心理状态。带有强烈身体感觉的梦，如飞翔和掉落的梦，可能更取决于睡眠时的身体状况（即沉重的或者轻松的），但却从灵魂角度被解释为永生（飞翔）或者死亡（掉落），抑或从心理角度被解释为愿望或者焦虑，诸如此类。

身体上的刺激（饥饿、口渴、性欲等）可以用灵魂意识形态来解释（作为生命存在的证明），但它们经常由心理状态（死亡焦虑）诱发到梦里来证明生命的存在。这调和了生理和心理刺激的不同理论以及不同的解释方式之间的关系，包括从精神的、性的再到心理的理论，其中包括西尔珀赫①所描述的"功能"法，该

---

① 西尔珀赫（Herbert Silberer，卒于 1923 年）的相关著作有《精神分析学的研究》（*Jahrbuch für psychoanalytische Forschung*, 1909—1912）、《精神分析汇编》（*Zentralblatt für Psychoanalyse*, 1911—1914）。比利时心理学家瓦伦多克（Julian Varendonck，卒于 1924 年）1921 年的著作探讨了同样的一系列问题。

理论将梦看作灵魂行动和功能的形象（符号）表征。

睡眠的精神意义

最重要的是，我发现梦本身就具有解释性。由于进入了睡眠状态，睡眠者需要在睡眠过程中从灵魂信仰的角度解释所有来自身体和心理的刺激：**这个解释本身就是梦**！人可以证明自己没有死亡，因为梦激活了某些功能，或者因为梦显示了独立于肉体的不死灵魂，还因为他可以从濒死的焦虑梦中醒来。另一些梦的内容包括日常生活中的情感和思想残留，它们都是在半睡半醒的状态下被激活的（活着的证明）。这些梦的内容只有在下面的情况下才是重要的：它们影响了做梦者对梦的解释，或者为了释梦，这些内容被做梦者回忆起来。然而它们不会为梦提供因果性的解释，不能用因果方式去解释，需要进一步加以解读。因此我们看到多样化的解释，相互补充，相互超越，永无止境。

精神分析没能为做梦这种现象提供解释，但却从中衍生出心理学。作为理论建构，科学的灵魂解释注定要失败，因为它将灵魂重新定义为愿望实现。没有灵魂，精神分析不可能成为深蕴心理学。然而作为科学，它否认了灵魂，用愿望实现去解释梦的内容而不是做梦本身。我们看到弗洛伊德如何运用心理（psychological）意识形态，从精神（spiritual）角度（即父亲的死亡）去解释来自心灵（psychical）体验的梦（来自布洛伊尔）。就像我们的祖先成功地用灵魂信仰证明了精神自我的存在那样，我们用心理学保留了心灵上的个体性。

第五章
灵魂与意志

> 如果允许神灵进入你的意志,
> 她便会从她那星光璀璨的宝座走下。
>
> 席勒 [《理想与生活》(Das Ideal und das Leben)]

梦对现实的原始认同以及意志将梦转变成现实依然是我们现代世界观的组成部分。这让我们关注意志问题,但不仅仅是从道德愿望层面去关注。我把它看成在我的意志心理学和治疗中提出的首要心理学问题。① 对永生的信仰源于生存意志,而不是死亡恐惧,意志创造了梦。做梦这一事实向我们展示了自由意志,就像对原始人来说,做梦引导他们将梦转化为现实。

原始人将自由意志解释为灵魂脱离肉体获得自由,而肉体和灵魂原本是不可分割的。在原始的梦境中,一个人灵魂的自由可能会与其他灵魂的自由发生冲突,这些灵魂可能会以不受欢迎的来访者身份出现。早期的玄学家将梦解释为睡眠状态下意志的暂

---

① 参见 Rank 1929a, 1929c。

停。弗洛伊德将愿望看成梦的原动力，否认了愿望的自由性，因为无论是灵魂还是意志都不符合他的心理决定论。意志问题不可能通过梦（或者简单的灵魂现象）来解决，这是因为做梦本身就受到灵魂信仰的影响并由其来解释，而灵魂信仰反过来又是一种表达生存意志的意志现象。

自由意志的真正障碍是死亡，在灵魂信仰中意志可以战胜死亡。在原始人的行为中就已经开始出现这种意志战胜死亡取得胜利的情况。例如在"旅行者"和"斋戒者"（参见第四章）身上，个人的永生似乎取决于杀死别人——水神赋予了英雄杀戮的权力（Radin 1927, 197）。从表面上看，原始人杀戮是为了自己不被杀死，但他们的行为远远超出了有意义的自卫，是为了提供"因果"证明，因为意志可以带来死亡，我们的意志掌控着生死。依靠坚强意志征服死亡在后来的阶段导致了自杀现象，从心理学角度这种现象的存在被理解为是意志对死亡的征服。

原始人只知道违背禁忌会导致"自主"（willed）死亡。在我们现在的心理阶段，这使我们感受到一种想死的愿望，弗洛伊德则从生物学角度将它解释为"死亡本能"。死亡的愿望再一次代表了个人意志的胜利，能够把没有选择的命运变成自由的选择。曾经被看作由人类的错误导致的死亡现在变成了我们愿望的结果。这都不是命运强加给我们的；相反，这是我们要为之负责的命运。

灵魂信仰来源于死亡的概念和对死亡的恐惧，但灵魂概念中存在着另一个积极的方面。原始人将此理解为生命的力量，或者生命的能量。在新几内亚的原住民看来，"灵魂"（*tanuá*）一词也有"生命力"（life-force）和"阴影"（shadow）的意思[①]，因而

[①] 参见 Cunow 1923。

与生命和死亡都息息相关。"灵魂"在原始人中通常有两种表达方式。例如,在弗罗里达岛(位于所罗门群岛),只要灵魂还住在身体里,它就被称作 *tarunga*,即"生命力";但死后它以其所在的身体的形式出现,被称作 *tindal*,即"灵物"(spirit-being)。

> 在新赫布里底群岛的努瓦阿图的迈沃岛(Maéwo,又称奥罗拉[Aurora]),具身灵魂是 *tamani*,即"生命之灵"(源自 *ata*[神灵]和 mani[生命]),而离开身体的灵魂是 *tamate*,即"死亡之灵"。在埃法特岛(Efate),身体内的灵魂是 *atamauri*(源自 *ata*[神灵]和 *mauri*[生命]),而摆脱了身体的灵魂是 *atamate*(源自 *ata*[神灵]和 *mate*[死者])。(Cunow 1923, 35)

在波利尼西亚和密克罗尼西亚,灵魂概念也具有类似的区分,这让人想起北美印第安人的双重灵魂。所有这些都与关乎死亡(焦虑)和生命(力量)的灵魂的双重意义有关。

》神力崇拜

要了解灵魂积极和创造性的一面,我们需要探讨前泛灵论的神力崇拜(*emanism*)。人种学家认为这是最古老的人类文化,它的基础是神力(*mana*),美拉尼西亚语中的超自然力量,几乎每个民族对此都有自己的名称[易洛魁人称之为"奥伦达"(*orenda*),苏族人称之为"瓦肯度"(*wakondo*),澳大利亚原住民称之为"丘林加"(*tjurunga*),印度教信徒称之为"婆罗门"(*brahman*),等等]。尽管这个概念对原始人来说似乎很清楚,它是超自然的事物,但人种学家发现很难向我们解释神力一词的含义。在关于这个概念的大量文献中，我只想涉及其中一些超自然的方面，以展示原始世界观及其人种学的定义在多大程度上揭示了什么是我所定义的意志。①

研究萨摩亚群岛的权威人士、传教士罗伯特·亨利·科德林顿（Robert Henry Codrington）主教写道：

> 人们相信一种完全不同于客观存在的力量的力，这种力以各种方式行善或者作恶，谁能拥有或者控制它就可获得极大的优势。这就是神力……这是一种力量或者控制力，不是自然界的而是超自然的；但它往往表现为自然界的力，或者展现为人能够拥有的力量或者长处……事实上，美拉尼西亚人的宗教的所有方面都旨在为自己获得这种神力，或为自己的利益使用这种神力。这里所说的宗教的各个方面包括宗教的各种仪式、祈祷和祭祀。
>
> ……这种神力不拘于某种事物，可以从一种事物传递到另一种；但是无论是以无形的灵魂还是超自然的人的形式出现的神灵，都拥有并且能够给予这种神力。（Codrington 1891, 118n）

尽管这个概念与个人无关，但这种力量"总是与控制它的人联系在一起"，而被赋予这种力量的人被认为能够做出非凡的事情［Codrington 1891, 119］。拥有这种神力的人——今天我们称之为"强人"（strong personality）——利用神力提升自己达到拥有权力的地位，成为萨满、牧师、医生和国王。每一次成功都证明了个人的这种神力。

---

① 主要参见 Beth 1927。

第五章 灵魂与意志

❱❱ 神力作为个人意志力

在具有创造力的人格中，这种力量本质上是由人的意志构成的：它是一种超越自然因果关系的力量，就是说它可以随意改变因果关系。科德林顿将这种在太平洋普遍存在的概念称为神力，是"当地人所相信的一种无形的力量，它能产生的影响超越了他们对自然规律的认识"[Codrington 1891, 191]。它是"在他们所做的一切，以及他们所相信的、无论是好的还是坏的巫术所能做的一切中的积极力量。通过这种方式，人类能够控制或指挥自然的力量"[191]，但是通过不同的方法，他们也能够"为自己的利益""改变"这种无形的超自然力量 [118n]。同样，波利尼西亚语言词典编纂者爱德华·特里盖尔（Edward Tregear）将 mana 定义为"心灵能量"；亨利·于贝尔（Henri Hubert）和马塞尔·莫斯（Marcel Mauss）将所有的力量都归入神力的范畴；《大英百科全书》将其定义为"一种神奇的力量"，拥有这种力量的"个人可以用意志支配宇宙"。

原始人的世界观不仅认识到而且解释了具有超能力的个体拥有怎样的坚强意志。对意志的第一个解释——泛灵论——认为，意志属于灵魂。这是心理学的雏形，为以下这些学说奠定了基础：柏拉图式的世界灵魂观，希腊文化的灵气（pueuma）学说，F. W. 谢林的浪漫主义自然灵魂说，以及亚里士多德的灵肉说，莱布尼茨的单子论和现代活力论（modern vitalism）。在泛灵论中，一切超自然的都源于对心灵现象即意志的精神解释：作为不可见的和无形的，它无法用因果原则来解释。

意志表现方式的起源和影响都显得深不可测。意志力是无形的，因此超越自然。我们所称的暗示是这种意志力的神奇转移，它同样具有超自然的神秘性，我们和原始人一样对它知之甚少。这种神奇的力量被看作是无法解释事件的成因，其中首先包括的是死亡。因为原始人不相信人会自然死亡[1]，他们把死亡归因于另一个死去或者活着的人的神力，这就导致了人们相信恶魔的存在。在下一章我们将进一步讨论这一点：像意志和死亡这样明显而简单的现象被看成了在自然之外——超自然的，因为这些现象无法用因果关系解释。很久以后，人们将它们与自然的力量进行比较，并将它们与自然的力量结合起来——不是因为它们的起源，而是因为它们更容易被理解和解释。

神力作为自然界和人类生活中每一种不寻常事物的组成部分，与任何超自然的神的概念都无关。这个概念既不与神也不与灵魂有关，而是与**能量**有关。在这一阶段，被赋予神力的最强者就是具有坚强意志的人。他能决定别人的命运，改变自然事件的进程。逐渐地，意志这一心理观念与灵魂和神性联系在一起，变成了灵魂的代表。我们将追溯它的发展，它起源于第一种关于意志的理论——泛灵论。

与这两种灵魂或灵魂的二元论相对应的是宗教的两种起源，它们即使在一神论体系中也从未合二为一：**对上帝的认知**和**对永生的信仰**。后者体现为我们对从具身的个体灵魂到集体轮回信仰的追求，它们将精神重生（在泛灵论时代）和肉体重生（在性时代）区分开来。基督教把这些结合在一起，形成了一个宏大的综

---

[1] Spencer & Gillen 1899, 476. 卡尔·冯·登·斯泰宁（Karl von den Steinen 1897）发现巴卡伊利人（Bakairi）不承认死亡的必然性，绝对"不知道什么必须死亡"。

合体。与源自恐惧死亡的永生信仰不同，上帝这个更高的超自然存在的概念是从活着的愿望发展而来的，而神力表达了这种愿望的能量和力量。上帝将拥有神力而永生的自我人格化。灵魂相当于集体的永生，凡人必须确信这一点。在这种情况下，当拥有神力的人通过宗教把灵魂转交给所有人的时候，灵魂就是每个人的集体神力，也可以说是民间神力。原始人希望拥有神力的人为集体使用这种力量（为了部落），而非为了私利。（在"旅行者"和"斋戒者"故事中，父亲违反了这条法则［参见第四章第96页的脚注］。）

灵魂之神与意志之神

灵魂和神力，即生命力，很早就联系在一起了。在语言学方面，不朽的灵魂最初等同于持续的生命力，即神力。在图腾崇拜体系中，我们看到生存下来的个体灵魂是如何集合成集体灵魂，成为至高图腾，后来演变成上帝概念的。灵魂之神代表着**集体的永生**，每个人都必须相信他才能保持他的强大。与此同时期或者在更早时期，出现了意志之神，这次不是集体的灵魂（即永生）的化身，而是增强了的神力，即**持续存在的个体生命**。神力，尤其是与巫术联系在一起的神力之所以变得如此重要，是因为人们相信这种超自然的力量主宰着生与死——它可以带来死亡，但也能保护生命。

这就能够解释为什么这一事实是无争议的："在相当多文化水平低下的民族中，人们信仰崇高的天神。"（Beth 1927, 332）与其他形式的灵魂信仰相比，这个神"以一种原生的宗教观念出现"

（同上）。① 很显然，这个原始的崇高之神是人格化的神力（如在一些非洲的部落中那样，参见 Beth 1927, 349），抑或是代表永生的超人（存在于澳大利亚原住民中），但它从来都不代表死者的灵魂。施特雷洛的发现可以证明这一点：在澳大利亚的阿兰达（Aranda）语言中，*altjirerama*（梦）一词的字面意思是"看见神"。② 虽然这个词指的"不是最高的天神，而是原住民在梦中见到的图腾之神"（Strehlow 1907），但这似乎并没有将天神等同于人类的祖先。出现在梦中的肯定是一个人的意志自我，正如我们心理时期的科学意识形态所证明的那样，澳大利亚原住民按照他们的图腾崇拜意识形态证明了这一点。

人种学家承认，真正的宗教开始于神力崇拜、泛灵论和图腾崇拜之后，甚至是原始的一神教之后。在一神教中，上帝只代表一个崇高的自己。对于这一点，人种学家与神学家已有广泛共识。我认为，宗教时代开始的决定性标准只能通过心理学来确定，而不能以大量令人困惑的人种学资料或神学家的教义为准。为此，我们必须回归像意志这样的心灵现象，但不是像精神分析或者宗教那样去探讨现实中的原因，而这个现实是先前建构的心灵事件。以此为基础的神力崇拜和泛灵论都是从个人永生信仰的角度来解释意志的，图腾崇拜就是这种信仰在生殖永生上的具体体现。所有这些关于心灵和生物事实的精神理论都成为宗教发展的物质基础。但它们无法融合成一体，就像它们分别失去自身的持续性和

---

① 基于此，施密特在两部专著［例如 Schmidt 1912］中甚至提出了一神教的假设。泰勒（Taylor）最早理解并从人类学的角度阐述了泛灵论，但他理论中的两个主要缺陷削弱了他的理论的价值。该理论一方面对灵魂的泛灵论概念的解释过于理性和因果性，另一方面，将其与宗教的上帝概念混为一谈。朗格（Lang 1898）参考了宗教发展中两个截然不同的因素，纠正了第二个错误。（另见帕舍尔［Pascher 1929］的阐述。）

② 参见 Strehlow 1907；另见 Spencer & Gillen 1927。

可信性而孤立地与意志之神和灵魂之神出现在一起一样。宗教以一种独有的新态度对待这些从精神上阐释的人类事实，但这些事实必须从心理学上加以解释。

宗教中意志的从属地位

对我来说，纯粹的自我心理学可具体化为意志这一主要的人格问题。从这个角度出发，在不考虑人种学素材或神学观点①的情况下，我得出了意志神论。而在宗教意义上，我仅仅将自我提升或者自我评价看成与"消极的"服从和自我贬抑（self-abasement）相关。这种以"宗教"的方式表现出来的新态度利用诸如意志之神这样的前宗教的灵魂产物来证明个人意志的正当性。伴随着**正当化**这一趋势——一个道德问题——生命力的单纯精神永生投射被刻上了与宗教有关的伦理烙印。为什么个人需要证明自己和他的意志是正当的呢？在这种道德的桎梏中，意志如何从自恃和得意的积极力量变成了自贬和服从的消极态度？我们发现原始人并不敬畏超验和超自然的事物；相比于自然的和宇宙的，原始人更关心的是他们自己的秘密。对崇高的谦卑崇敬来自对意志的重新评价，由此出现了负罪感和原罪。

我们从灵魂的角度来探讨**宗教的这个根本问题，即对意志的道德立场：将之理解为罪恶**。这个问题就是世界上的罪恶，它让

---

① 参见 Rank 1929c, esp. "Schaffen und Schuld"[Creation and guilt]。人类按照自己的形象创造上帝的一般观点显然是由亚里士多德首先提出的："人按照自己的形象塑造神的外表和生活方式。"（Politics, 1.7）后来，在《宗教的自然史》一书中，休谟发展了这种思想，认为决定人类宗教概念的不是对自然现象的印象，而是对人类社会生活的印象。最后，费尔巴哈（Feuerbach 1841）对这种宗教人类学进行了心理分析，通过人与上帝的相似性来解释上帝，并将上帝看作人类愿望和需求的产物。

我们从主观上以个人的越界或过错来面对原罪和负罪感。后来性时代的传说将女性刻画成罪恶之首，认为性是死亡之"因"，在新的生殖永生的意识形态之下简单地重塑了灵魂信仰。对性的诅咒源于它破坏了对个体永生的信仰。自然死亡是人类所知的第一种罪恶，否认其必然性意味着它源自个人的负罪感。原始传说讲述了这样的越界：个人谋求永生或者狂妄——无论是为个人还是为集体——都将受到死亡的"惩罚"。

罪恶的问题

个人的、凡人的灵魂和集体的、不朽的灵魂之间的冲突——两者都源自神力之生命力——继续存在于意志之神和灵魂之神的前宗教化身中。作为宗教的前身，对意志的重新评价将个人的神力转移至集体，将活着的灵魂之力转移至死去的灵魂，后者通过恶魔控制着活着的神力持有者。因此，对否认必然性的忧虑变成了对死者忧虑的原始意识，而非对死亡本身。死者使用他们的神力（通常涉及最近的血亲）去杀死（攫取）活着的人，并以生者的生命力使自己重获生机。由此演变出对神灵和祖先的崇拜，尤其是在澳大利亚原住民中。[①] 人们给祖先带来供品（包括作为供品的血液）来阻止死亡的敌人夺取他们的生命力量。这些为了自卫而献的祭品或多或少意味着个人对集体，即死者的集体的自愿奉献，因为对原始人来说，听从来自死者的命令比融入生者的集体更有威慑力。确实，死者威胁到了生命和灵魂的存在，后两者都是集体需要保证的。

---

① 尤其参见 Howitt 1904。

第五章 | 灵魂与意志

对死者的焦虑导致了神力的屈服，即意志的衰减。通过灵魂之神向意志之神的逐渐渗透，意志变成了宗教中的克制。这一宗教的前兆类似泛灵论的集体灵魂取代个人永生。但依靠意志和灵魂之神，人们回到了前泛灵论的自我导向阶段：又一次，他们以具身的个人意志和灵魂为外在形式，将集体的意志和灵魂人格化。集体的永生意识形态比纯粹的个人永生要强烈得多，即使是意志之神和灵魂之神联手也不能使具有神力和坚强意志的个人得到永生。反之，个人的意志之神被集体的灵魂之神吸收，就像在更早时期，个体灵魂并入图腾灵魂，个人并入集体那样。

以前源自死者的灵魂焦虑现在来自新的神，他代表了灵魂信仰和对神力的信仰，即个人和集体的永生。他对集体灵魂的屈服削弱了他的意志力，而他的集体能量又被无休止的个人要求削弱，因此他无法保持个人或集体永生的信念。他成了双面符号，象征着两个灵魂在一个人身上的疯狂冲突，这种冲突导致了对死亡的完全认识。死亡作为原始世界的唯一罪恶再也不能被否认。

如果不可避免的死亡不被直接承认，对它的解释现在就是**道德的**，而非心理的。**被否认的死亡以罪恶的形式再现**，不再投射到恶魔（死者的恶灵）和巫师（恶灵神力的承载者）身上。死亡变成了诅咒，被理解为负罪感或者原罪。性和永生的愿望不再招致死亡，在这个宗教阶段，想要得到性和永生的意志成了**万恶之源**。

对意志的谴责任务交给了新的神，他会惩罚也会奖赏。对神的服从就是对死亡力量的服从，这种服从以自我贬低的道德形式出现，认为人类存在是徒劳、虚无的。在这里，我们看到第一种永生意识形态的道德表述：我们每个人都对自己的死亡有责任——否则的话我们不会死。死神正是那曾向我们保证永生和不朽的意志，但由于知道死亡不可避免，意志被削弱了。

死亡作为首恶

犹太教的耶和华是宗教重新评价意志之神的突出例子，他的一神教本性也是最明显的。这种一神教是不断演变的结果，并非原初的。它综合并融合了前宗教的观点，形成一个将灵魂、意志和死亡统一在一起的宗教神性。耶和华表现出人间的神力持有者的特点，他的意志之力既可以为善，也可以为恶①，代表了死者善恶之灵的双重本性。最后，他将道德原则进行了人格化，使之成为意志正当性的典范。

现代《圣经》批评（biblical criticism）将耶和华看成三个不同来源的统一体，我们可以将此比作已经建立的三种前宗教的信仰。根据巴霍芬的思想，有学者敏锐地指出，耶和华底本（J底本）证明了母亲的权利，与祭司文献中发现的父亲的权利形成了对比。"在《圣经》对宇宙之初的描述中，母亲权利和父亲权利是冲突的，但朝着征服母权的方向发展。在祭祀文献对创世的描述中，扮演父亲角色的光获得了胜利。"②

我们通过回顾逐渐上升的父权与最初的母权的斗争，知道以

---

① 《摩西五经》（Pentateuch）中"唯一神"（Elohim）这一概念并不是指上帝，而是对施加于人乃至物体之力量的一种表达（Goldberg 1925, 105）。我进一步相信，在希伯来语和其他古老语言中，这些词尤其是动词的相对意义，表达了意志的两个极端——同时具有积极的和消极的意愿。（例子由布劳［Blau 1928］提供。）

② 参见 Vischer 1929, 67。很多学者都提到了耶和华底本（Yahwistic source）的母系特征。参见 Gunkel 1922, 42（其中包含其他参考文献）。

一神教为核心的以色列人的单一主教神是属于性时代，而不是灵魂信仰阶段，在《旧约》上找不到后者的任何踪迹。对于这个叫作夏娃的女人，贡克尔（Gunkel 1922）将她的名字与腓尼基人的下界蛇神联系在一起。她既是所有生物的母亲，也是原始母亲，即大地的凡人代表。最后，夏娃是人类终将回到的下界的死亡女神，人类也是由此而来的。

最初，夏娃的丈夫没有名字。作为大地的代表，夏娃是 adama（潮湿的泥土），"亚当从泥土里变成了人形，他必须回到那里，'因为你是从土而出的'（《创世记》3: 19）"（Vischer 1929, 65）。因此，该隐（Cain）杀死的不是匿名的父亲，而是兄弟。我认为，这进一步证明了灵魂信仰向性时代意识形态的转变。亚伯（Abel）只是该隐在这个阶段的化身——他的孪生兄弟，就像在神话阶段一样，他的第二个灵魂人格化于他的兄弟身上。这个《圣经》传说谈及世俗生活。在这个故事中，该隐代表由女人所生的第一个凡人，他失去了灵魂永生，以亚伯身份出现：在谋杀了灵魂之后，他变成了凡人。

亚伯死了，该隐却活着，免受母系之神耶和华的血腥复仇。① 这显而易见的矛盾可以解释为从灵魂时代到性时代的转变，一个意识形态演化到下一个意识形态。永生的灵魂的另一部分已经变成凡人，而他的希伯来名字"Hevel 则成为《圣经》中人类的无望虚无和意志薄弱的代名词：'每一个亚当都是一个十足的亚伯'（*ak kol hevel kol adam*）。Abel 这个名字表达了这样的痛苦认识，即在天堂之外，生命都将死亡"（Vischer 1929, 42）。

---

① 维舍尔（Vischer 1929）同意施塔德（Stade）的观点，即耶和华拯救了该隐（凭借着记号），使他免于血腥的报复，因为他已经成为谋杀的对象。参见 Stade 1894。

》父神

在性时代,上帝具有父亲的特质,因为凡人的父亲拥有"神一样"的能力,也就是生育孩子的能力。关于先祖之神的伊罗兴底本(E底本,Elohist source)炫耀又骄傲地引用了这种新的能力,令人反感。父神将父亲人格化了,但不是作为像祖先一样的个人的父亲,而是作为那种性时代的男人。他用新的意识形态代替了灵魂信仰,但不是像弗洛伊德所认为的那样,父亲的肉体因为自己的罪过死亡后,变成了一个高尚的父亲,而是在采用了性意识形态之后,男人在生活中提升为父亲,主宰个体命运的那种父亲。

因此,在这个阶段,正如《创世记》的伊罗兴底本所描绘的那样,意志之神变成了世界的缔造者。在性时代的其他文化中,这一过程伴随着神性的分裂而进行。神性分裂为其最初的组成部分,即上界和下界的神性。在这些神性中,父权和母权再次分离,就像在不朽的灵魂和凡人的灵魂中一样。在基督教三位一体的教义中,统一的、崇高的上帝的三个组成部分的分离需要重新融合。还有**耶稣这个人**,他不想成为上帝,他想教导人们通过过美好的生活来获得个人的救赎。

统一的神的概念的分裂产生了**英雄**,因为(作为文化英雄、救赎者、创造者的)意志之神在他创造宗教上帝的神圣任务完成后回到人间。作为一个伟大的神力拥有者,英雄在人间扮演着巫术阶段巫医和巫师所扮演的角色。灵魂时代的意志坚强、成功的神力持有者的性质注定了他在新的上帝信仰阶段的失败命运。英雄将神力的创造性力量归为己有,用他的个人永生来对抗神和它的集体生殖永生。他声称已拥有神赐的特权。他的悲剧性在于他把自己设想为神,这只能招致死亡。

英雄的意志使他在死亡的行为中不朽,就像在判决中的阿喀琉斯一样(这对于《荷马史诗》中的英雄来说是耻辱的),他宁愿做最悲惨的奴隶而活着,也不愿做死去的国王。现在灵魂是集体的,就像永生需要依靠生殖一样,个人的神力不能单独构成灵魂信仰的基础。它可以成为意志和人格心理学的基础,而非只适合集体的"常态心理学"(normal psychology)。因此,科学心理学不同分支中的两个主要分支——"均态"(average)心理学和人格心理学——有截然不同的来源:前者为灵魂信仰(泛灵论);后者是意志信仰(神力崇拜)。前者是个体的,基于个人的永生观念;后者是集体的,基于永生的宗教意识形态,类似于灵魂代表集体意志(来获得永生),而意志代表个体灵魂。

▶ 心理学作为道德的意志解释

我们可以从两个方面解释为什么这些因素没有在心理学上更早得到认识和应用。首先,几乎没有例外的是,心理学对灵魂的解释,是一种处于不同认识阶段的灵魂信仰的新形式。其次,对灵魂的重新解释发生在不被理解、处于心理学之外的心理层面。使对灵魂的新诠释成为可能而且必要的心理倾向,正是使意志从积极变成消极抑制的再评价的结果。这种**消极意志**的心理基础用同样的、将意志变成宗教伦理的道德观束缚了尼采之前的心理学。人格化的意志之神,即英雄,没有在心理学家中,反而是在诗人和哲学家中找到他的继承人。诗人使英雄不朽,从而使自己不朽;哲学家则用形而上学的方法证明灵魂不朽。

意志在变得消极之后成了一个心理问题。所有在精神分析中达到顶峰的心理学,都是由在道德上被定义为罪恶的消极意志方面的灵魂解释构成的。在这方面,心理学继承了宗教思想,取代了灵魂信仰。这既是它的优点,也是弱点。①

只要意志是积极的并在行动中表现出来,宗教就不存在了,心理学也不可能存在。最早解释积极意志的是巫术,不是心理学。这不是"思想万能",像弗洛伊德所看到的道德上受约束造成的意志压抑那样,而是意志万能。意志万能是深不可测的,因而被视为是超常的、超自然的。因为巫术可以用来为了私利损害别人,尽管最初遭到禁止。后来巫术变得"社会化"了,因为巫师、巫医和神职人员使它服务于集体的利益。它最初与邪恶意志能量的联系继续存在于"黑色"巫术(与"白色"或"善良"魔法不同)中,存在于后来对魔鬼和黑弥撒的信仰中。

后来道德上善恶的区分以及与之相关的宗教体系中的光明与黑暗,都来自积极意志的善和恶的结果。在积极意志层面,我们有一个至关重要而非道德的原则。拥有坚强意志的神力持有者所造成的最大的恶是疾病和死亡。对于无法理解的"结果",即自然死亡,人们推测一定是邪恶意志的神秘力量造成的。所以在积极意志的早期阶段,死亡的"原因"在于个人,但归因于他人的邪恶意志。在宗教的道德阶段,人们在一个人的意志的邪恶耻辱中

---

① 在他的最新著作《一个幻觉的未来》(1927)中,弗洛伊德既谈到又回避了这个问题:他想用科学来代替宗教,却没有意识到这个问题甚至在他的精神分析中也未得到解决。

寻找原因。

显然，最初的变化涉及一个人自己的邪恶意志**投射**到另一个人身上，这个人带来死亡，成了邪恶的化身。然后这个人成了坚强意志的神力持有者，他的意志力使他成名。集体神力的持有者化身为部落酋长、巫医、巫师等等，也变成了集体的作恶者，以阿里曼、撒旦和魔鬼的形式出现在宗教体系中。在波斯人的信仰中，黑暗之神阿里曼给世界带来死亡。堕落的基督徒灵魂真的会死，也就是丧失永生。

人们用投射方式否认邪恶意志，这一机制有助于解释集体的邪恶意志是如何在善和恶道德体系中从世俗表现发展成为宗教体现的。集体的神力持有者并不希望为他们投射的伤害后果负责。因为部分神力投射到了死者的灵魂上，这些死者的灵魂要为邪恶尤其是死亡负责。死者被按照他们的神力进行区分：对于神力更多的人，如酋长们，人们会在他们死后第一千天为其举行盛宴。普通的凡人（尤其是女人）的神力只能延续几天。像活着的人那样，处于阴影中的灵魂依靠流入的神力而生存，就像荷马笔下的下界幽灵依靠强有力的血液重获新生一样。从 mana（神力）一词发展而来的一个相似的词 *anima*，就像 anima［拉丁语，意为生命之本］的希腊姐妹 Psyche（普赛克）的神圣配偶一样，仍然是无形的。

意志与灵魂

这就是意志变成灵魂的过程：以死亡方式表现的意志中的邪恶首先属于活着的神力持有者，后来又属于死亡的神力持有者，即灵魂。活着的神力持有者要用意志力去做善事，比如治疗疾病、抵御死亡。被注入神力的灵魂因此是不朽的，从恶魔变成了拯救天使、保护神。这个从作恶到救赎，从恶到善的变化趋势可以追溯到最早的魔法意志，体现为善和恶这两个法则在宗教方面的象征性冲突，再到我们现在的道德教育体系。它起源于避免死亡，将导致死亡的邪恶意志转变成有益的善良意志。在基督教的信仰中，善的回报是得到永生、不朽的灵魂，而对恶的惩罚是失去永生。邪恶意志招致死亡，善的意愿可以避免死亡。

最初只是积极的、活跃的邪恶意志必须转化为善良意志——人们必须接受"教育"，使之为社会服务。在这个阶段，邪恶意志不再被投射，而是被认为是人的一种主观力量。这种意志的行为被认为是邪恶的、被诅咒的、不道德的。由于只有把意志定位为是主观的，才有可能使之具有心理倾向（对自己），所以心理学开始于道德原则，到目前也一直处于它的统治之下。尼采首先意识到这个问题，试图把哲学和心理学从道德的管辖中解放出来。但迄今为止只有他做了这样的尝试。弗洛伊德也想打破这个恶性循环，但未取得成功。由于过分沉溺于科学理念，他只在性中发现了积极意志，然后倒退到自性时代以来禁锢积极意志的道德论。

这里，我们可以回想一下之前所做的对灵魂的讨论。我们之前曾探讨它的发展过程，从强大的肉体幽灵到生命的孕育，再到力量（体现为神力）。如果当这一点起决定性作用的时候，将关于神力的理论延伸到生育，那么把这两者等同就是错误的，正如弗洛伊德在基于性意识形态的力比多/性欲理论中所做的那样。泛灵论的世界观同样重视超自然力量和灵魂。在性时代的永生意识形态中，人类能够将自己的和集体的意志结合起来。但如前所述，尽管宗教、道德和科学做出了种种努力，但性的两个方面——个体的和生育的——过去和现在都是分开的。性行为是意志和生命力的一种表达，而生育则意味着失去由神力加强的灵魂，这最终意味着死亡。就像今天强迫症患者为了不死而禁欲，神经衰弱患者害怕性交导致死亡一样，禁欲的目的是保持滋养灵魂的神力。

在这里透过道德上的负罪感，我们看到了原始死亡焦虑的证据。弗洛伊德后来的心理学解释只是一些令人感到安慰的内容，但偏离了这一基础认识。相比之下，他最初关于焦虑性神经症的理论（1895）更加接近这一目标。关于神经症的整个性理论，即焦虑的性理论，与其说是心理学上的，不如说是"治疗性的"，正如性时代的生殖永生为个体永生的丧失提供了安慰和救赎。在泛灵论时代，一个人可以为了保持灵魂永生而不生育，而个人的生命力在性和在其他愉悦的意志行为中得到肯定。性时代为了永生需要生育，但为了避免失去力量而回避性。人们虽然承认最初被认为是危险的生育，但却拒绝最初被认为是力量之证明的性。

》性

我们只能从意志的角度来理解对性的这两个方面的道德评价。因为坚强的意志，无论带来好的还是坏的影响，都与生命力（神力）相对应，所以否定意志就是否定生命。否认邪恶意志，即把它投射到周围的人、死者或上帝身上，能够让人们正面表达意志。主观上把意志看作是邪恶的就意味着将它和以意志形式表达出来的生命力一起否认。性作为意志的表达方式也变成了邪恶的、不道德的、应予以谴责的和令人羞愧的——就像带来死亡的邪恶意志一样。

心理学就是这样开始的,将负罪感视为一种道德现象,将意志视为支离破碎的和被否定的,而不是至关重要的东西。与此同步,对永生和集体灵魂的原始信仰消失了,代之以对死亡的恐惧。因此,像集体灵魂信仰过去所做的那样,负罪感将个人束缚于集体;像今天的感情生活中常见的那样,性和意志一样变成了道德现象,而不是活力的表现。作为邪恶意志的证据,性行为必须得到伴侣道德上的认可:性意识形态之下的由家庭组成的社会鼓励生育,而不是性行为。使我们感到与他人联系在一起的负罪感代表对死亡恐惧的心理解释,是对意志的有害行为的一种反应。当我们觉察到自己的邪恶意志对自己构成威胁时,意志表达就会产生负罪感。在此之前,这种危险被投射在一种外来的、超自然的意志上。

》》心理时代

每个时代都有它的标志:泛灵论时代是死亡,性时代是生殖繁衍,心理时代是对个人意志的道德解释。我们将意志看作邪恶的根源,由此引发了主观的心理意识;而在更早的时代,人们把邪恶的根源看作承认曾被遵守而后又被摒弃的关于死亡和性的客观事实。正如泛灵论是对死亡意识的哲学反应一样,宗教体系及其道德指引也是起源于意志意识。在这两种情况下,性认知为将旧的意识形态改造成新的意识形态提供了方法和手段。

在第一个转折点上,集体的灵魂信仰被个人的生殖永生取代后,这种性认知是**积极的**:安慰失去永生的原始信仰,许诺通过繁衍子孙来获得永生。在下一个转折点上，当生殖永生的意识形态不再起作用后，宗教意识形态将被取代的灵魂之神和意志之神合二为一，形成一个**道德**之神，代表意志意识阶段的新的自我。在古代意识形态冲突的废墟中，这个阶段以犹太上帝为代表，辅以基督教的意识形态，从而回归到最初的灵魂信仰。该阶段持续了相当长时间，因为这是宗教抵御心理自我认知的最后一道堡垒。

自我认知始于意志问题，然后以投射到神的方式回避冲突，再到个体意识（individual consciousness）及其过程。在心理学出现很早以前，自我认知就已成为哲学思考的核心问题。在认识论走过几个世纪的弯路之后，叔本华从伦理学（生命行为）转向了意志，为心理学开辟了一个新的领域。在认识到一种类似于神力的原始生命力之后，他按照否定（negation）的道德意识形态要求，从科学的角度使意志具有因果性。他的后继者尼采假设意志是个人能量的源泉，来自"超人"，暗指意志坚强的原始巫术持有者。值得肯定的是，尽管尼采对意志的解释过于狭隘，但他确实肯定了它，将意志从宗教和哲学的道德约束中解放出来。在权力意识形态方面追随他的阿尔弗雷德·阿德勒，以及从性方面解释意志的弗洛伊德，都回到对意志进行道德谴责的阶段，将其看作是有害和邪恶的；为了证明意志的社会正当性，荣格则退回到集体道德之中。

最近，尤其是在《真理与现实》（*Truth and Reality*）一书中，我把积极意志当作心理学的研究焦点。我把意志本身，而不是它的内容看作道德的最新根源。现在，意志的罪孽以及与之相伴的原罪和负罪感是邪恶的根源。在分析心理现象时，我不把"意志因果性"置于科学因果性之中，而是在其中加入了灵魂的诸多方面。我把意志因果性理解为后果可见但原因自发、不可预测的概念,其中邪恶的影响后果需要特别的解释:发现它们的源头可能是消除它们的关键。正如我们已经看到的,在这些邪恶的影响中最主要的是死亡,人们为此找出或编出各种各样的"原因"。我们研究因果性时遇到的第一个问题是死亡,但是找出它的原因却只是为了否认死亡这一事实。

第六章
自然与精神

> 或许现实的确是个孩子,如果没有幻觉这个奶妈,他就无法生存。
>
> 亚瑟·艾丁顿［1928］

马克斯·普朗克于 1900 年提出了量子理论,阿尔伯特·爱因斯坦于 1905 年发表了关于相对论的第一篇论文。这些理论在最近的二十五年［直到 1930 年］发展出了众多分支,因此爱因斯坦说:"鉴于原子物理学所呈现的事实,当代物理学对严格的因果关系的可行性提出了严重的质疑。"①

在世纪之交,物理学中兴起了反因果论运动,而弗洛伊德却试图将严格的科学决定论应用到心智领域。在这以前,在这个领域证明其中的因果关系是不被允许的。② 四分之一个世纪之后,哲学家和物理学家开始探讨新物理世界观带来的认识论影响,发现

---

① 参见伯格曼著作（Bergmann 1929）的前言。
② 在《梦的解析》（1900）一书中,弗洛伊德试图在灵魂领域建立严格的决定论。在《性学三论》（1905）中,他竭力证明心灵现象和生物学之间的因果关系。

因果原则受到了偶然性的挑战而开始动摇。① 在对这个运动不知情的情况下，我自己也对弗洛伊德的决定论表示了怀疑，并按照我的理解用自由意志向物理因果性提出了质疑。②

自由意志的主观感受一直是哲学家们反对因果原则的论据。伯格曼（Bergmann 1929, 7）承认，自从休谟提出这个问题以来，还没有人驳倒他的观点，验证了因果原则。康德的观点让这一问题有了新的转向：在前批判哲学（precritical philosophy）中，科学被认为是能够像照片那样如实反映现实的影像，而在康德之后，科学变成了在某种前提下对现实的**解释**，是由某个明确的前提决定的。在康德看来，因果原则是以经验为基础的假设。康德首先提出了"二律相悖"——因果原则是科学所必需的，而自由是我们日常行为所必需的——并试图从哲学的角度解决这一矛盾。他的这一努力的价值在于提出这个问题，即将因果原则理解为我们可以解释自然的假设，而不是从对自然的认识中获得的定律。正如黑森所说的那样③，尽管康德的解决方案在今天看来是不够充分的，但哲学几乎没有提供更好的答案。

直到最近，物理学对这一冲突的处理还相当原始，因为物理学试图"将物理世界观与心智的个体性完全分离开来——从拟人论中解放出来。物理学的任务是构建一个与意识不相容的世界，意识在其中被消灭了。这是物理学的先验前提"（Bergmann 1929, 3）。但越来越明显的是，物理学的世界是一种解释、抽象，或者，

---

① 参见伯格曼的深入研究（Bergmann 1929）。英国天文学家爱丁顿在他的吉福德讲座（Gifford Lectures，发布于1927年，1928年以《物理世界的本质》出版）中很好地发展了哲学的不同方面。本章开头的格言就来自这本书。在我写作本书时，我不知道上述著作的存在。事实上，我一直到写本章的时候才开始阅读它。

② 参见 Rank 1929a, 1929c。

③ 参见 Hessen 1928。

正如爱丁顿所说,它纯粹是象征性的。

> 在此之前,人们从来没有像现在这样清楚,对事实的解释在物理学中扮演着多么重要的角色。尽管爱因斯坦的世界观得到了实证数据的有力支持,但其伟大之处并不在于此,而在于对数据给出的新解释。用康德的说法,建立世界观的不是事实,而是研究者用来探讨自然的先验前提。(Bergmann, 1929, 1)

现代物理学的危机

我完全同意这个观点,以及下文中的其他基本观点,这些观点揭示了物理学——实际上是整个科学领域——所面临的危机。基于纯粹的心理体验和思考,我自己觉察到心理学所面临的危机对于我们的科学世界观来说是一场灾难。[①] 我认为决定我们如何理解事实的心理解释本身就是意识和意志的意识形态解释人类微观世界的产物。这样一来,我在物理学的危机基础上又向前进了一步。

我再一次发现自己与物理学有了共同点,因为我不只是从主观经验中假设或者推断出自由意志,而是像物理学家们的"偶然性"那样,从对待灵魂过于严苛的决定论中发现自由意志。弗洛伊德的因果原则表现为将纯粹的"物理"方法应用于心灵现象,这导致了非常极端的僵化,以至于为了理解它们,我不得不从"意志因果性"中派生出心灵现象。[②] 我认为因果原则不是"错误

[①] 丁吉尔(Dingier 1926)将"科学的崩溃"归因于缺乏对意志的首要性及其心理后果的考虑。

[②] 尤其是在《出生创伤》(Rank 1924b)中,我也发现了神经症不可量化的诸多方面。后来,我进一步讨论了这些问题(Rank 1927, 31ff)。

的",但对于我们现阶段的意识来说是不充分的,因为心理角度的理解已经削弱了因果原则的启发性价值。

这种类似并非偶然。我相信我们已经进入一个对于物理学和心理学均有影响的精神发展新阶段。或多或少,现代物理学家探讨自然就像现代心理学家看待人一样。到目前为止,他们都陷入了一种科学观念之中。我注意到这种观念在心灵领域是失败的,物理学家也一样开始质疑它在自然界严格意义上的适用性。这种观念已经使弗洛伊德犯了同物理学一样的致命错误:他从心理现象中寻求"脱离了意识"的现实,坚信他已在他的"无意识"中找到了。正如物理学家把他们对真实世界的解释当作现实本身那样,弗洛伊德把对灵魂的解释当作事实,即现实的影像。但是,无论我们去观察自己还是别人,对灵魂的客观理解只能通过意识来进行。由于心理学研究的主体和客体在很大程度上重叠,这使得我们对这一主观影响的理解更加困难。

》个体因果性

在《出生创伤》(1924)中,我通过将弗洛伊德的决定论的应用从客体扩展至主体——从精神分析角度而言是从患者到治疗师——探讨了在分析情境中被观察者与观察者之间的**关系**。我的这一研究路径动摇了他的"物理"立场。这样的相对变化使我最近的研究趋向于建立基于相对性的心理学,不再有固定角度的观察者或意识,双方的关系是随时变化的。也就是说,"直接"因果性取代了"历史"因果性,从严格意义上来说因果性不复存在。

伯格曼认为:"在科学上,因果原则有两个功能:(1)确定事件发生的时间；（2）指导感知的科学过程，从而使预测未来成为可能。"（1929,11）我的"直接因果性"在任何时候都满足第一个条件，但不满足第二个条件，因为"原因"存在于动态的现在，而不是静态的过去。① "预测未来"的第二个要求是科学心理学的首要任务，因为治疗、预防和教学都建立在预期结果的这种关系之上。然而，与量子理论在物理学中给出的原因类似，这些结果都是无法预测的。

海森堡从量子力学中得出的结论意义深远，他论述道：

> 因果原则的确切表述，即"如果我们完全理解现在，我们就能预测出未来"，包含一个错误的前提。由于事物的不同本质，我们无法在各个层面理解现在。……因为所有的实验都受制于量子力学的定律，所以是量子力学明确了因果原则是无效的。②

就像我的基于相对性的心理学一样，量子力学诞生于对观察

---

① 同样，爱因斯坦没有放弃旧的因果概念，而是用一个更加"个人的"因果概念取而代之。相对论集合了这样的思想：每一个观察者都从他自己的视角看见和观察事物，因此在某种意义上有他自己的"真相"。然而，这样的真相同时是由时空决定的，是动态的，与事件（而非物体）及其间隔（而非分离）有关，与结构（而非物质）有关，因此更关注直接的环境（在解释引力时也如此），而不是牛顿的因果意义上的"远距离作用"。对"局部作用"原理的一贯坚持（或多或少与我在本书中所称的"实际[直接]因果性"相对应）使量子理论认识到"不连续性"，这确实动摇了因果原则本身。因此，相对论和量子理论以不同的方式看待因果原则。相对论考虑到更强的但却是个人的因果性，这最终意味着个体自由无法用与宏观物质行为相关的统计因果性来解释。

② 参见 Heisenberg 1927。玻尔（Bohr 1928）将海森堡的（测量的）不确定性原理发展成一种互补性理论。根据这一理论，测量过程的影响是不可忽视的，它排除了对两个互补量的同时测定。在这个理论中，因果和时空的观点被认为是描述经验内容的互补而又互斥的方面。这是量子力学的基本定律，即对一个过程的时空和动能描述在某种程度上是相互排斥的。波尔用它来阐述光的两种理论：波动理论需要一个时空概念，而量子（发射）理论需要基于因果概念的计算。因此，不可能有统一的光理论，就像（出于同样的原因）不可能有统一的心理学一样。

者的影响的考量，引发了对原子过程中"不确定性"的认识。而这一原子过程，就相当于心灵中不可否认的意志自由。

》平均统计定律

很早以前，伊壁鸠鲁认为下落原子的运动轨迹与垂直方向"略微不同"（完全出于偶然）。在《自由意志的问题》（*The Problem of Free Will*）一书中，海因里希·冈帕斯（Heinrich Gomperz 1907, 153）提出了与此相似的"自发性"理论，认为物质实体表现出个体和瞬间的行为特性。因此，在物理学和心理学中，自由度随着从群体到个人而增加，而当我们仔细审视这些个体时，自由度就增加得更多。从心理学上来说，这意味着我们越接近个体，越分析他的组成部分，严格的因果决定论就越站不住脚，我们就应该给予决定性的个人因素更多的自由。

> 在物理学的相关领域，平均统计定律在时间定位、预测和重建方面发挥同样的作用。从前这些都是用严格的因果原则来解释的，但区别在于以前我们可在时间上定位，预测或者重建个案，而现在我们使用平均数。（Bergmann 1929, 52）

类似于将量子力学应用于物理学，用以取代个体因果原则的平均统计定律，行为科学也有"常态心理学"。它源于观察中的平均数定律，但无法解释单一特定案例或者情境中的个体行为。为了实现个体心理分析，精神分析及其各个学派也面临着"平均统计"的挑战。在弗洛伊德的普通心理学、阿德勒的社会心理学和荣格的集体心理学中，我们都可以看到这一点。

个体挑战了合乎某一规则的可预测性，从科学的或者人本主义的因果性（合目的性，finality）角度无法理解和解释。对我来说，唯一解决的方法在于意志的心理学。它包括两种观察模式，但并不试图只通过观察去掌握现象，或者完全理解现象。在心理学中也是这样，**对问题的正确描述**比谋求解决方法更重要。大多数情况下，这种努力是必要甚至是可能的，虽然出于不同的实践和理论视角对问题的描述存在错误或偏颇。相较于以纯粹知识为目的的哲学，科学的目标不是认识本身，而是掌控或统治世界（通过自然科学）和人类（通过人文科学，尤其是心理学）。

正如几年前我所提到的①，弗洛伊德的精神分析试图克服这种理论和实践的对立，但失败于混淆了这两种世界观。他的做法在方法论上是不合理的。弗洛伊德的心灵因果论是纯历史的，也就是说，用过去来解释现在。这种因果理解将会成为治疗因子——改变当前（和未来）的行为反应。不过正如我在对"分析情境"的分析中所示的那样，尽管"治疗"意味着某些冲动会从现在的经验中发生移置，但有效的治疗因子是现在的经验，而不是对过去的理解。换言之，弗洛伊德所认为的因果性，即向过去移置，在治疗上是实用主义的，并没有给出真正的原因。

我们通常把过去看作原因，但事实上并非如此。我们之所以持有这种观念，首先是因为我们相信通过过去能更好地理解现在；其次，我们相信用这种方式能更好地证实现在。把"因果"解释作为证据可能是治疗性的，例如，把所有的神经质反应都理解为源于婴儿时期。对于这个理论，阿德勒、荣格和其他学者提出了反对意见。他们认为，精神分析试图通过将现在理解成因果元素来重建过去，没有考虑到最终状态，因此这样做要么是不可行的，

---

① Rank & Ferenczi 1924.

要么是不充分的。

》合目的性作为非固定的因果性

亚里士多德区分了两种动因：因果式的和合目的式的。量子理论认为因果解释必须在意识形态上得以补充："除了用过去决定未来，[有必要]允许甚至要求用未来决定过去。"（Bergmann 1929, 58）许多物理学家甚至假设后来的事件对先前的事件有因果影响，因为某些普通力学定律表明"把过程设想成不仅依赖于初始状态而且依赖于最终状态"（普朗克）是可能的。那么在物理学中，我们也可以以目的而不是以因果为出发点，想象有这样的理论："用未来的拉力代替过去的推力"（库尔特·里兹勒）。从这个意义上说，正如苏黎世精神分析学派［荣格学派］从一开始就强调的那样，心理事件中"未来的拉力"似乎是毋庸置疑的。这种对未来影响所做的目的论解释可以与事件的随机性和不确定性结合起来。

> 个体事件在一定范围内受制于偶然性，因此只有事实发生后才能被理解。由于自然法则考虑了偶然性并允许不同可能性之间的悬浮状态存在，所做出的选择只能参考最终状态来解释。（Bergmann 1929, 66; Whitehead 1925, 134）

尽管合目的性只代表另一类因果性，但这为因果原则增加了灵活性。目的论将梅迪卡斯（Friz Medicus）在他的《自由意志及其局限性》（1926, 88ff）一书中所阐述的拟人论（anthropomorphism）带入了物理学："原子寻求他们的目标。"许多物理学家，如爱丁顿，都倾向于斯宾诺莎、莱布尼茨、谢林、叔本华等西方哲学家

第六章 自然与精神

倡导的泛心灵（pan-psychic）世界观，这也是印度哲学和泛灵论原始世界观的基础。

泛灵论世界观是基于灵魂现象对现实的原始投射，而不是基于对自然及其规律的认识。对我们来说，它的价值恰恰在于此。它不像我们的科学解释那样，声称它的观点源于自然。当然，它还没有意识到它的观点是内心活动、灵魂的投射。因此，从泛灵论角度来看，赋予原始宇宙以力量的是超自然的神力，因为人们看到它的效果而不知道它们的原因。就像性生物学那样，给我们和原始人同样带来这些难题的不是这种无知，而是合乎逻辑的结局，即所谓相关的启示之后这种无知依然存在。这是通过意志行为来实现的，我称之为否认。它的作用是维护、保护、捍卫和证明自己，或者自我。

如果是基于对意志的无知才认为它的效力是超自然的，那么一旦认识到自己有邪恶意志，就会将其投射给他者，例如巫师、恶魔、神等来维护自己。人们发现或发明了伪因（pseudo-causes）——最初是为了自然的生命过程，如出生和死亡——来满足原始人"对原因的渴望"，因为从实用的角度，原因能起到一定效果，能进行安慰，并"有治疗作用"。

人类依靠理智早已发现了许多真正的原因，尤其是自然事件的真正原因，但是在过去和现在都致力于解释灵魂的心理学仍然固着于错误的（即证明某种）治疗性联系。声称已经揭开灵魂现象背后的"心灵现实"的精神分析无疑是治疗性的，它的心灵因果理论将个人责任从个体身体转移出去，因而它又是慰藉性的。这种尝试不逊色于灵魂信仰或宗教安慰：精神分析从因果原则中获得的安慰，这与灵魂信仰从否认中、宗教从说教中获得的是一

118

样的。

》因果原则作为一种理智化的意志原则

在哲学中，由黑森提出的因果原则为：

> 这不过是把第一原则的逻辑法则应用于现实，更具体地说，应用于世界上的事件。然而，第一原则的法则只是思想服从法则这一事实的一种表述。因果原则现在主张存在的结构与思维的这一特点相对应。**思考的需要同时应该也是存在的需要，思考和存在应该是一致的**。这仅仅意味着这个世界应该具有可理解性。（Hessen 1928, 153）

这一哲学阐述与我们的心理理解是一致的。我们可以逐字逐句地把它翻译成意志心理学的阐述，即：在实践中科学地"理解"世界意味着控制世界，思考和存在的原始同一性提醒我们思考的需要和存在的需要都是意志现象。从这些方面来看，**因果原则是意志的一种理智形式**：这在它的伪因果联系中是能够成立的，而且由于证实了意志因果性，这在科学上也是能够成立的。

这就是为什么从过去到现在对因果原则一直存在争议，在所有经验都提供相反证据时，依然有人想要维护它。自相矛盾的是，因果原则的支持者可以允许存在自由意志，即它的理智表现。值得注意的是，就在物理学开始怀疑严格的因果关系时，弗洛伊德的心理学体系出现了。这个体系将因果原则置于心灵领域，但在此领域自由意志的抑制性障碍总是对抗着因果原则。当精神分析用决定论的约束和因果原则的命运束缚自由意志时，它将因果原则牵强地应用于意志，而因果原则正是自由意志的理智表达。

　　这里我们涉及两个方面的核心：因果原则作为一种**理智化的意志原则**，以及意志问题本身。正如我在意志心理学中指出的，这是一个二元论问题。能引起恶的意志也是恶本身，这样一来意志原则成为道德原则，而道德原则成为因果原则。意志原则发挥积极作用时创造了作为意志本身投射的泛灵论，发挥消极作用时创造了作为道德正当性的宗教，最后，发挥理智作用时创造了因果原则，因果原则又创造了科学，而科学在理论和实践上都将意志强加于自然，并在这一过程中论证意志。

》因果的、宿命的和说教的意志

　　我们在这纷繁的心理学思潮中探讨因果概念演变过程中的三个阶段：意志、负罪感和意识。正如最近学者阐述的那样，在原始人对意志的单纯强调中不存在因果性。① 在那一阶段，不寻常事件的原因就是"哲学上的"奇迹，即任何事情都可以独立于个人意志而发生，任何原因都是"意志的原因"。例如，死亡的原因可以是巫师或者恶灵的法力，或者自己所犯的错误。无论这里涉及的是单纯的意志投射还是道德上的自我谴责，意志总是其中的因果力量。

　　陈述这个问题具有实用价值，甚至影响到我们的科学意识形态：知道原因让我们能在未来产生同样的或者另一种效果，而且原因一定是"意志原因"，否则的话我们无法对此施加影响。魔幻

---

① 尤其参见 Hans Beth, "Die Psychologische Grundlage der Magie" [The psychological basis of magic], 1927, 168ff。

感或神幻感（magic mentality）的前提是思想与现实的同一性。即意志与存在的同一性。这也是理解与行为的基础，但理解与行为并非因果关系，而是某种"重大的"（fatal）关系。当有人以任何方式表达意志时，这种重大的影响就会随之而来。重大的影响不是基于因果原则，而是基于反过来依赖意志原则的同一性原则。"用列维-布留尔的话说，在雨和降雨的符咒之间存在着一种神秘的统一体，而不是因果联系。这不是引导或者激活原因，而是萌发或者再生祈愿者和雨之间的正常关系。"（Beth 1927, 170）

这种重大的影响一直持续到下一个阶段的开始。在其中，思想和行为受道德的影响，而不是宿命论。这就是道德因果论统治的宗教阶段。① 从这个意义上说，正如我的意志心理学所示，宗教阶段的神既是被人格化的意志原则，又体现了道德意识形态阶段的因果原则。上帝是世界的起因，因此必须从因果角度理解。严格的因果关系具有宗教性质，因为宗教和因果关系是意志原则分别在道德和理智（科学）层面的明确表达。按照耶稣的教诲，没有上帝的旨意，就没有麻雀会掉到地上。根据牛顿的发现，苹果不会掉下来，除非遵循普遍原则。这一切都源于一个，或者说同一个意志意识形态。因此，尤其是对于新经院学派，因果原则被用于证明上帝存在于宇宙。② 科学和宗教之间无休止的争论是不会有结论的，因为因果原则和意志原则本来就是同一的。

为了理解这种同一性，我们需要回到我在前两本书中阐述的意志心理学（1929a, 1929c）。认识到意志之恶一方面会让人们普

---

① 在戈德伯格（Goldberg 1925）非常有趣的论著中，我注意到有人试图将"错误"和"灾难"的非道德延续，作为《摩西五经》因果道德（原罪和惩罚）背后的基本哲学（尤其参见 Goldberg, "Die amoralische Auffassung"[The amoral view], 1925, 127ff）。

② 对此的精彩论述，尤其参见 Sawicki 1926。

遍否认和摈弃意志,对个人意志进行内在和外在的抑制。这些抑制是消极意志的表现——反意志。我们经常发现,尤其是在强迫性神经症中,这种意志冲突充分地反映了存在于神圣的自由和因果约束之间的冲突。

不仅是我们的科学发展史,我们的整个发展历史都显示了个人为了使自由意志合法化,逐渐地拒绝和否认他们自己的自由意志;或者如果不能实现合法化,就根除自由意志。因果原则只是自发地限制和合法化意志的诸多形式之一。就像上帝代表宗教的世界观那样,它标志着我们的科学世界观。因果原则是科学家的宗教。科学家在此帮助下努力解释和控制这个世界,而信徒在上帝的帮助下做同样的事。

科学的因果原则

在宗教阶段,上帝将意志限制在道德的范畴里。除此之外,由于无法在意志和道德的领域建立意志原则,科学的因果原则努力使它处于理智的范围里。在意志被否认,或者更确切地说是被原罪(负罪感)取代之后,意志在哲学的因果原则中通过理智得到了复活。曾应用于物理现实的哲学因果原则现在受到了来自物理学家的哲学和来自心理学家的认识论的双重威胁。

以前,因果物理学理论(比如牛顿的理论)需要证明世界的神圣规律性和重要性。现在,这些理论揭示了我们对这个世界的观察是不完善的。这一领悟让我们认识到偶然性或者说任意性的主导作用。但我们并没有后退回到全能的意志中,只是用理智的洞察力来弥补不可改变的损失。在上文提到的著作中,我将这种损失描述为"上帝的减除"（Subtraction of God）或者说对世界和人的去神化。这一点明确表现在事物感知上的自我意识和理解上的自我贬低。信奉宗教的人将自己投射到神身上，在神面前放低自己及其意志力和他对意志力的道德意识立场，但在其他方面依然保持骄傲和强大。我们现代人认为上帝存在于我们自己的内心，与之相比，我们感到渺小和微不足道。我们能控制自然，但无法了解它；我们能"从因果角度"把我们的意志强加于它，但这样的意志是不可知的、深不可测的——说到底，自然界的一切都是如此。

并非巧合的是，心理学和物理学都沉湎于自卑的自我认知中。我们遭受的这种"自卑感"不只是一种"神经质情结"，需要阿德勒的教学方法来"治愈"；它更是一种消极发展过程，在其中宗教人无法掩饰他所丧失的重要地位。

我们在这里站在心理学的分水岭，这个学科从灵魂信仰发展而来，从对自然的投射性认识到道德上的自我认知和自我评价。只要心理学是投射——泛灵论的、宗教的，抑或是科学的——它就是治疗性的，即一种有用的幻觉。随着自我意识和洞察力的增强，它变得具有破坏性，直到知道关于它自己的真相，它在自己无能为力的后果中死去。科学的胜利不能被冠以自我认知的胜利，而是为此付出的沉重代价。如果说用科学知识控制自然是我们的最大胜利，那么来自自我意识的自我认知就是我们的最大失败。尼采正确地认识到，只有把负罪感重新评价为意志，即回到对意志的积极肯定中，我们才能得救。但这似乎不可能，所以尼采的著作从理智的角度打破旧的价值观，揭露它的起源，而他的积极意志哲学只是拼凑之作。

第六章 | 自然与精神

》 精神分析的治疗意识形态

精神分析在治疗方面比较符合逻辑，但自相矛盾的是，当它深入道德问题时，它就面临着无法克服的负罪感。精神分析试图用俄狄浦斯情结和阉割情结进行"因果"解释，这两种情结一方面从生物性欲（俄狄浦斯）角度对应着意志的正当性，另一方面从叔本华铲除"意志中心"的意义上对应着对意志的谴责（阉割）。在这两方面，通过性的正当性和对意志的谴责来起到治疗效果，弗洛伊德所做的已经超出心理学的领域，而且都是以科学因果原则的名义进行的。

从性欲角度对意志所做的因果解释旨在证明其正当性；从焦虑角度对抑制意志所做的因果解释符合对意志的道德谴责。但是，把因果原则应用于灵魂只不过是做最后的、隐蔽的尝试，试图把旧的意志原则保留在它原来的范围内。弗洛伊德必然会失败：将因果原则应用于意志原则的悖论最终导致人们认识到它们是相同的。但这并不是抹杀他那宏伟的尝试，而是说我们要正确地看待它。虽然通常来说没有一劳永逸的解决方案，但他的努力是无价的，我们从中收获了很多。

从最广泛的幻觉角度来看，精神分析应该被理解一种治疗。心理学的基础是"我"和"你"的关系，无论我们是从宗教角度（如荣格）、社会角度（如阿德勒），还是从婴儿时期角度（如弗洛伊德）来理解这种关系。心理学既不了解也不承认个体，由此个体的意志被从"因果角度"解释为力比多/性欲，个体的意识最终由"无意识"决定。弗洛伊德的理论试图用因果和个体本身的方式解释作为整体的人，但是个体意味着超越因果关系的元因果关系。

在治疗过程中，意志在神经症患者和治疗师二者身上都悄然地发挥着作用。对于似乎是意志薄弱的神经症患者，分析师认为他无法清楚地做事，把他所表达的意志解释为"阻抗"，而治疗师常被认为具有神一般坚强的意志力。尽管一个人会影响另一个人的情境几乎不符合因果原则，但意志还是被理解成因果性的。奇怪的是，弗洛伊德的理论越发展越变得更加强调因果关系。在我看来，这是他的理论走到尽头的原因。在弗洛伊德的"快乐原则"（Freud 1911）中，人们还能看到个人的自由，但这似乎是从生物学角度由快乐的性本质决定的。

面对人们并不总是按照快乐原则去行事这个事实，弗洛伊德越来越深陷在因果原则中不能自拔。如果他没有在更广泛的因果关系中寻求庇护的话，即他所描述的"重复强迫"，他的《超越快乐原则》（1920）也许可以"超越因果原则"。就其优点而言，这种重复强迫是由意志原则控制的。在 1881 年提出"同一物的永恒轮回"（eternal return of the same）之后，尼采很快意识到这一点，因此在《查拉图斯特拉如是说》中声称"快乐要永恒"（pleasure wants enternity）——意志导致重复强迫。此外，尼采的永恒轮回说并不完全是"因果性的"。通过诉诸力学的物理概念，他领悟到自然法则的不确切性"是存在的条件，是行为的条件；没有它我们就会饿死；怀疑论和谨慎性只是后来才出现的；而且通常来说，几乎不允许这样做"（引自写作《欢愉的知识》[*The Gay Science* 1881]期间未发表的材料）。

》 因果确定性的庇护所

正如在任何地方一样，在这里我们看到人类对宇宙的同化

（这是神话、宗教、占星术和科学的基础）反映了一种愿望：通过利用自然规律，来否认自己命运的不可估量性。时间概念也是如此，伯格曼（1929）曾这样说道："我们确定，实际上是'指定'一个可见的媒介来表示绝对时间顺序。比如，把围绕地球的恒星的运动当作我们的'时钟'（不是为了计时而是为了规定出一个时间顺序）。据此，我们读出所有事件的时间顺序，以及由此而来的它们之间的因果联系。"从不确定性和不安全感到伪客观确定性的一个常见例子是**日历**，日历本是（在埃及、巴比伦、中国、墨西哥等国家）对命运的记载——"是一个把日期按适宜和不适宜做事进行评价的列表"①。

在《真理与现实》中，我表达了关于心灵机制的思考，这个思想类似于尼采关于自然法则作为存在条件的不确定性学说。在那里我提到（1929c, 49ff），正是我们灵魂中虚假的"非因果"联系使我们有可能适应现实世界并在其中行动。我们采用否认、移置和合理化作用使现实变得能够忍受，而不是认识到具有破坏性的心理真相。看似矛盾的是，我们灵魂中的错误联系才是真正的因果关系，因为它们是我们在心理学中观察和研究的所有人类反应的"根源"。这就使作为自我认知的心理学失去了地位，伦理学和认识论重新建立取而代之。

正如心理学不能替代宗教和道德一样，它也不能替代通过思想获得的知识。然而精神分析似乎提出了这样的主张，至少人们愿意相信它可以做到这一点。如果没有这样一种内在的倾向，弗洛伊德学说不可能被称赞为一种新的宗教和道德体系。事实上，宗教、道德和心理学都反复尝试过用不同的方式来解释意志问题：

---

① 参见 Danzel 1928, 65。

宗教做了投射的尝试，道德是通过内省的方式，哲学是通过合理化作用，而心理学则采用了解释的方式。宗教和道德起源于因果关系，也就是说分别起源于宿命论观念和道德观念；哲学和心理学则起源于对终极状态的思考。也就是说，它们分别是理性主义的和解释性的。但因果原则本身符合意志原则的道德形式，因此不能应用于对个体人格的纯心理学研究。这一观点虽然没有被清晰地表达出来，但却构成了最近心理学的两大趋势——构造理论和格式塔理论的基础。在这两种理论中，客体和主体都是不可测量的，不受严格的因果关系的制约。客体和主体的存在方式是整体而不是部分，是理解而不是解释，是描述而不是概括。这种"适度的"（moderate）倾向类似于近代物理学，但两者都过于消极、胆怯，甚至惶恐。在这里，我看到像物理学家那样，心理学家有一种自我贬低的倾向。这当然是时代的特点，但展现出的却是科学家的心理学，而不是普通人的心理学。

我把心理学本身描述为精神意义上自由意志的创造性表达：我已阐明源于灵魂信仰的心理学是如何依然像它的起源那样努力去维护永生意识形态的。然而，心理学不再相信使它得以存在的灵魂。首先，人们曾相信肉体本身可以永生，然后是集体的灵魂；接着是负责生育的性；最后是个体和集体的成果（科学）。但在这一演化过程中，灵魂概念已经改变了，尤其是灵魂的处所：从最初位于有活力的物质（血液、呼吸），然后到重要器官（肝脏、心脏等），再是转移至生殖——到了女性的性器和男性的精液，最后到了意识。这些不同的处所分别对应着泛灵论、性和心理时代。直到意识概念完全建立起来的时期，灵魂得以归于意识，才使心理学成为可能——意识作为一种观察工具，其特征是指向内心的意识：自我意识。

如上所述，心理学重点关注消极的意志现象，即那些已经从道德角度解释过的现象。让我们简单回顾一下在心理时代意识所遭遇和解释的心灵现象；然后我们聚焦意识本身及其心理意义。原始时代的积极意识的自由**行动**就在这里成为心理时代的**反应**——不仅仅是对通常所说的外部刺激，也包括内在的、自我建构的抑制和抗拒，这些就像外部刺激一样起到了"原因"的作用。意志的自由现在看来只是对强迫的否认；所残存的自由，即积极意志在道德上被合理化为因果强迫或不可避免的命运，或以其他方式被正当化。因此，正是心灵现象这一心理学的焦点构成了灵魂的绝对消极面。积极的投射，即自由意志在那里独断独行，没有负罪感。

▶ 意识作为灵魂的最后处所

与这些现象相对立的意识，即灵魂的处所，除了作为自然事件和生命过程的知识载体外，还有另一层意义。它还带给我们关于性和死亡的知识。就算这一点没有得到充分的承认，它也还是以两种方式消除了我们在面对死亡时的疑虑。首先，像在做梦时那样，它时常让我们觉察到自己，自己的存在。这一点总在活着的时候受到威胁，或者受到生命的威胁。其次，从更高更大的意义上来说，作为灵魂的处所，它稳固地象征着灵魂的存在。这里我们得出最后一个悖论：尽管我们相信肉体是脆弱短暂的，而原始人曾认为肉体能够永生，但被死亡消灭的、转瞬即逝的意识让我们感到了不朽。**我们经由意识而知道的死亡受到了来自**

个人的自我意识的否认，这种自我意识用它自己的方式解释心灵的意志现象。难怪心理学，包括从未分析过观察到的意识的精神分析，都是产生于自我欺骗。这种自我欺骗就像作为心理学起源的原始灵魂信仰一样，尽管被证明是相反的，但心理学试图保留、保护这种信仰。

这就是困扰现实科学心理学的根本错误。灵魂也许不存在，就像永生的信仰一样，它也许是人类最大的幻觉。但它既是心理学的研究对象也是内容，因为正如包括科学心理学在内的我们全部人类现实那样，心理学的研究对象不是事实，而是由灵魂信仰创造的思想。心理学只涉及对灵魂现象的解释——无论是具体化的现象，还是存在于自身（self）并涉及自我（ego）的主观现象。**但是，解释本身只不过是理智化的意志现象**。无论我们解释的是这个世界、其他人还是我们自己，在这样的理解中，通常都存在着字面意义上的"掌握"——从自我的角度、以自身的形象进行的征服、违背、创造。创造性的人格以其那有意识的意志自我（will-self）来形成这个世界；神经症患者在心理上用负罪自我（guilt-self）来解释它；精神病患者对世界的认同来自一个虚幻的灵魂自我（soul-self）。

》心理学：现代世界的意识形态

泛灵论是原始时代的意识形态，性意识形态带有古代的特征，中世纪是基督教意识形态的时代，而在我们这个时代，心理意识形态占主导地位。这只能通过我们的讨论来理解，因为今天的心理学既是解释灵魂（和其他）现象的科学，又是心理现象的延续和补充性的替代。心理学形成了我们看待和改变世界的当代意识形态。然而,逐渐取代宗教和道德意识形态的心理学却无法完全取代它们,因为这是消极、破坏性的意识形态——尼采意义上的怨恨意识形态。它摧毁了无法抵抗发展中的意识的各种错觉和意识形态,直到达到并摧毁作为最后一种意识形态的自己。

心理学不能取代道德,这是因为用自然的因果法则代替人类意志所创造的戒律通常是行不通的——物理学和生物学亦是如此。就像康德最先质疑的那样,所谓的自然法则是个人意志向外投射的法则。"头顶上的星空"和"内心的道德法则"这一著名说法之所以是正确的,不是因为道德具有宇宙的合法性,而是因为对宇宙的解释来自道德,即更高的(神圣的)意志。

生物学和物理学中的科学因果原则都受到了挑战。由于精神分析强调的是生物因素而非道德因素,对于心理意识形态的瓦解,生物学的影响更为明显。我们不仅是生物体更是道德存在,这一矛盾揭示了所有的人类问题。意志在生物领域表现为**行为**,在道德领域表现为**反应**。所有教育和治疗的目的都是将这些反应再转变成行为,换言之,将强迫意志变成自由意志。

在生物系统中,这种"自由"已经占据主导地位。现在,物理学家不得不承认它存在于无机的"细胞"——原子中。可以还原为化学的生物学不能"在因果意义上"产生由有机细胞组成的生命。根据魏斯曼的观点,即使是死亡似乎也是一种"偶然的"事情,而非必然。[1] 根据他的观点,"在单细胞的生物体中,根本不存在源于内在原因而发生的'自然死亡'"(1892,17)。自然死

---

[1] 参见 Weismann 1892。

亡首先出现在不是依靠分裂而是依靠"生殖"的多细胞生物体中。然而，这只涉及体细胞，而不是生殖细胞。因此，现代生物学承认了永生，而且也发现，就像在原始信仰中，"死亡的直接原因实际上是生殖"（而"更深层次的原因是根据生育期的长度和成就对生命力的校准"；Weismann 1892, 65）。

在本章之前的讨论中，我把心理学称为最后的科学意识形态，因为所有的解释都涉及解释工具本身，即人的精神生活和情感生活。为什么用人类意识解释**这一**自然特定元素比用随着时间和人可以改变的自我意识解释其他现象更具有确定和持久的真理性，目前尚不清楚。在心理学中也许比在其他学科中更是这样，最关键的不是把目前最受欢迎的当作解释，当然也不能把它当作每一个解释背后的现实。在心灵领域，唯一的现实是**现在**（Now），就是被物理学家认为无法理解、毫无用处，甚至是不可思议的同一个**现在**（Now）。

》 我（I）和现在（Now）

科学心理学和它的方法论模型——物理学——之间的最根本区别就在于此。如前所述，"物理学的任务是构建一个物体的世界，意识被完全排除在外"（Bergmann 1929, 25）；与之相对，心理学探讨完全由意识构建的世界。在他的学术专著《世界的因果结构和过去与未来的区分》（*The Causal Structure of the World and the Distinction between Past and Future*, 1925）中，物理学家汉斯·赖欣巴哈采用拓扑方式解释因果关系，试图将现时点（now-point）确立为过去和现在之间的界限，不再依靠心理因素。伯格曼对赖欣巴哈这样做是否能成功表示怀疑，因为"现在（Now）这个概念与自我（self）这个概念紧密相连"（1929, 28）。类似于物理学的做法，弗洛伊德想给心灵现象一个基于过去的因果解释，从而使其在预防和治疗方面的可预测性成为可能。但他这样做却忽略了真正的心灵元素——当前活跃的自我（self），以及与之对应的现在（Now）。即使在物理学中，这些因素也都是必需的。无视这些不符合心理学的要求，因为心理学的确研究当前的意识现象。

　　心理学与事实的关系不如物理学那样紧密。心理学绝不能不包括意识，因此无法像物理学或者生物学那样成为自然科学，但它是关于关系的科学——一种观察关系和相关性的路径。因此，心理学甚至不解释事实（像物理学和生物学那样）而是解释自我的态度。在所谓的客观心理学中，我们把自我投射给他人。就像物理学通过自然进行自我解释那样，心理学通过他人进行自我解释。这样一来，作为对他者的认知，心理学的作用在于自我确证（self-affirmation）或自我主张（self-assertion）。作为对自我的认知，心理学的作用在于自我欺骗（self-deception），即扮演信仰的角色，因为永生一直是人类的心理信条。

参考文献

Achelis, Werner. 1928. *Das Problem des Traumes: Eine philosophische Abhandlung* [The problem of the dream: A philosophical dissertation]. Stuttgart: Püttmann.
Alexander, F. 1925. Metapsychologische Darstellung des Heilungsvorganges. *Internationale Zeitschrift für Psychoanalyse* 12:157-78.
Alverdes, Friedrich. 1925. *Tiersoziologie* [Animal sociology]. Leipzig: Hirschfeld.
Aristotle. 1924. *Kleine naturwissenschaftliche Schriften* [Lesser scientific writings]. Leipzig: Rolfes.
Artemidorus of Daldis. 1881. *Symbolik der Träume* [The symbolism of dreams]. Trans. Friedrich S. Krauss. Vienna: Hartleben.
Bachofen, Johann Jakob. 1897. *Das Mutterrecht* [Matriarchy]. Basel: Schwabe.
Bergmann, Hugo. 1929. *Der Kampf um das Kausalgesetz in der jüngsten Physik* [The controversy over the law of causality in recent physics]. Braunschweig: Vieweg.
Beth, Karl. 1927. *Religion und Magie bei den Naturvölkern: Ein religionsgeschichtlicher Beitrag zur psychologischen Grundlegung der religiösen Prinzipienlehre* [Religion and magic: A contribution in the history of religion to the psychological foundations of religious dogma]. 2d ed. Leipzig: Teubner.
Binswanger, Ludwig. 1928. *Wandlungen in der Auffassung und Deutung des Traumes von den Griechen bis zur Gegenwart* [Changes in the conception and interpretation of dreams from the Greeks to the present]. Berlin: Springer.
Blau, Armin. 1928. Über den Gegensinn der Worte im Hebräischen [On the opposite meanings of the word in Hebrew]. *Jüdische Studien* 8:160-76.
Bleuler, Eugen. 1921. *Naturgeschichte der Seele und ihres Bewußtwerdens* [Natural history of the soul and of its becoming conscious]. Berlin: Springer.
Bohr, Niels. 1928. Das Quantenpostulat [The quantum hypothesis]. *Naturwissenschaft.*
Chiari, Edw. 1922. A Sumerian tablet relating to the fall of man. *American Journal of Semitic Languages and Literatures* 39, 1, October.
Codrington, Robert Henry. 1891. *The Melanesians: Studies in their anthropology and folklore.* Oxford: Clarendon Press.
Cunow, Heinrich. 1923. *Ursprung der Religion und des Gottesglaubens* [The origin of religion and of belief in God]. 4th ed. Berlin: Dietz.

Danzel, Theodor. 1928. *Der magische Mensch* [Magic man]. Zurich: Müller and Kippenheuer.

Dingler, Hugo. 1926. *Der Zusammenbruch der Wissenschaft und der Primat der Philosophie* [The collapse of science and the primacy of philosophy]. Munich: Reinhardt.

Eddington, Arthur S. 1928. *The nature of the physical world*. Cambridge: Cambridge University Press.

Ehrenreich, Paul M. 1910. *Die allgemeine Mythologie und ihre ethnologischen Grundlagen* [General mythology and its ethnological foundations]. Leipzig: Hinrichs.

Feuerbach, Ludwig. 1841. *Das Wesen des Christentums* [The nature of Christianity]. Leipzig: Wiegand.

Freud, Sigmund. 1895. Über die Berechtigung, von der Neurasthenie einen bestimmten Symptomenkomplex als "Angstneurose" abzutrennen [On the grounds for detaching a particular syndrome from neurasthenia under the description "anxiety neurosis"]. In *Gesammelte Werke* [Collected works] (London: Imago 1968), 1:315 ff.

———. 1900. *Die Traumdeutung* [The interpretation of dreams]. 1st ed. Wiesbaden: Bergmann.

———. 1901. *Zur Psychopathologie des Alltagslebens* [The psychopathology of everyday life]. Berlin: Karger.

———. 1905. *Drei Abhandlungen zur Sexualtheorie* [Three essays on the theory of sexuality]. Leipzig: Deuticke.

———. 1909. *Die Traumdeutung* [The interpretation of dreams]. 2d ed. Leipzig: Deuticke.

———. 1910. *Drei Abhandlungen zur Sexualtheorie* [Three essays on the theory of sexuality]. 2d ed. Leipzig: Deuticke.

———. 1911. Formulierungen über die zwei Prinzipien des psychischen Geschehens [Formulations on the two principles of mental function]. In *Gesammelte Werke* [Collected works] (London: Imago, 1968), 8:230 ff.

———. 1913. Das Motiv der Kästchenwahl [The theme of the three caskets]. *Imago*, vol. 2.

———. 1920. *Jenseits des Lustprinzips* [Beyond the pleasure principle]. In *Gesammelte Werke* [Collected works] (London: Imago, 1968), 18:56–57.

———. 1927. *Die Zukunft einer Illusion.* [The future of an illusion]. Leipzig: Internationaler Psychoanalytischer Verlag.

Giese, Fritz. 1919. *Die Entwicklung des Androgynenproblems in der Frühromantik* [The development of the problem of androgyny in early romanticism]. Vol. 1 of *Der romantische Charakter* [The romantic character]. Langensalza: Wendt and Klauwell.

Goldberg, Oskar. 1925. *Die Wirklichkeit der Hebräer: Einleitung in das System des Pentateuch* [The reality of the Hebrews: Introduction to the system of the Pentateuch]. Berlin: David.

Gomperz, Heinrich. 1907. *Das Problem der Willensfreiheit* [The problem of free will]. Jena: Diederichs.

Gunkel, Hermann, trans. 1922. *Genesis.* 5th ed. Göttingen: Vandenhoeck and Ruprecht.

Haxthausen, August, Freiherr von. 1856. *Transkaukasia: Reiseerinnerungen und gesammelte Notizen* [Travel recollections and collected notes]. Leipzig: Brockhaus.

Heisenberg, Werner. 1927. In *Zeitschrift für Physik* 43.

Hessen, Johannes. 1928. *Das Kausalprinzip* [The principle of causality]. Augsburg: Filser.

Horwitz, Hugo. 1916. *Das Ich-Problem der Romantik: Die historische Stellung Friedrich Schlegels innerhalb der modernen Geistesgeschichte* [The ego problem of romanticism: Friedrich Schlegel's historical position in contemporary history of thought]. Munich: Duncker and Humblot.

Howitt, Alfred W. 1904. *The native tribes of south-east Australia.* London: Macmillan.

Humboldt, Wilhelm von. 1917. *Über den Geschlechtsunterschied* [On sexual differences]. Edited by F. Giese. Langensalza: Wendt and Klauwell.

Jäger, Werner. 1923. *Aristoteles: Grundlegung einer Geschichte seiner Entwicklung* [Aristotle: Fundamentals of a history of his development]. Berlin: Weidmann.

Jensen, Peter. 1906. *Der Gilgamesch-Epos in der Weltliteratur* [The Gilgamesh epic in world literature]. Strassburg: Trübner.

Jeżower, Ignaz. 1928. *Das Buch der Träume* [The book of dreams]. Berlin: Rowohlt.

Joël, Karl. 1906. *Der Ursprung der Naturphilosophie aus dem Geiste der Mystik* [The origin of natural philosophy in the spirit of mysticism]. Jena: Diederichs.

Junk, Victor. 1912. *Gralsage und Graldichtung des Mittelalters* [Grail sagas and grail poetry of the Middle Ages]. Vienna: Hölder.

Kluckhohn, Paul. 1922. *Die Auffassung der Liebe in der Literatur des 18. Jahrhunderts und in der Romantik* [The conception of love in eighteenth-century literature and in romanticism]. Halle: Niemeyer.

Kohler, Josef. 1884. *Shakespeare vor dem Forum der Jurisprudenz* [Shakespeare before the forum of jurisprudence]. Würzburg: Stahel.

———. 1885. *Zur Lehre von der Blutrache* [On the doctrine of blood vengeance]. Würzburg: Stahel.

Lang, Andrew. 1898. *The making of religion.* London: Longmans, Green.

Lévy-Bruhl, Lucien. 1910. *Les fonctions mentales dans les sociétés inférieures.* Paris: Alcan.

———. 1926. *How natives think.* Translated by Lilian A. Clare. New York: Alfred A. Knopf. Translation of Lévy-Bruhl 1910.

———. 1927. *Die geistige Welt des Primitiven* [The mental world of primitive man]. Munich. Translation of Lévy-Bruhl 1910.

Malinowski, Bronislaw. 1927. *The father in primitive psychology.* London: Paul, Trench, Trubner.

Medicus, Fritz G. 1926. *Die Freiheit des Willens und ihre Grenzen* [Free will and its limitations]. Tübingen: Mohr.

Michaelis, Edgar. 1925. *Die Menschheitsproblematik der Freudschen Psychoanalyse: Urbild und Maske. Eine grundsätzliche Untersuchung zur neueren Seelenforschung* [Problems of humanity in Freudian psychoanalysis: Original image and mask. A fundamental investigation in modern psychology]. Leipzig: Barth.

Miller, G. S. 1928. Some elements of sexual behavior in primates, and their possible influence on the beginnings of human social development. *Journal of Mammalogy* 9, 4.

Mittenzwey, Kuno. 1912. *Versuch zu einer Darstellung und Kritik der Freudschen Neurosenlehre* [Characterization and criticism of the Freudian theory of neurosis]. *Zeitschrift für Pathopsychologie*, vol. 1.

Murray, Gilbert. 1927. *The classical tradition in poetry.* Cambridge: Harvard University Press.

Nietzsche, Friedrich. 1988. *Morgenröthe* [Dawn]. In *Sämtliche Werke* 3:9–311. Munich: Deutscher Taschenbuch Verlag.

Pascher, Joseph. 1929. *Der Seelenbegriff im Animismus Edward Burnett Tylors* [The concept of the soul in Edward Burnett Tylor's animism]. Würzburg: Becker.

Radin, Paul. 1927. *Primitive man as philosopher.* New York: Appleton.

Rank, Otto. 1909. *Der Mythus von der Geburt des Helden* [The myth of the birth of the hero]. Leipzig: Deuticke.

———. 1911a. *Die Lohengrin-Sage: Ein Betrag zu ihrer Motivgestaltung und Deutung.* [The Lohengrin saga: A contribution to its presentation of theme and its meaning]. Leipzig: Deuticke.

———. 1911b. Völkerpsychologische Parallelen zu den infantilen Sexualtheorien [Folk-psychological parallels to children's sexual theories]. In Rank 1922d, 43–81.

———. 1914. Der Doppelgänger [The double]. *Imago* 3:97–164.

———. 1917. Homer: Psychologische Beiträge zur Entstehungsgeschichte des Volksepos [Homer: Psychological contributions to the developmental history of the folk epic]. *Imago* 5:133–69.

———. 1922a. Die Don Juan Gestalt [The Don Juan figure]. *Imago* 8:142–96.

———. 1922b. *Der Mythus von der Geburt des Helden* [The myth of the birth of the hero]. 2d enlarged ed. Leipzig: Deuticke.

———. 1922c. Perversion und Neurose [Perversion and neurosis]. *Zeitschrift für Psychoanalyse*, vol. 8.

———. 1922d. *Psychoanalytische Beiträge zur Mythenforschung* [Psychoanalytic contributions to the study of myths]. 2d ed. Leipzig: Internationaler Psychoanalytischer Verlag.

———. 1923. Perversion and neurosis. *International Journal of Psychoanalysis*, vol. 4. Translation of Rank 1922c.

———. 1924a. *Die Don Juan Gestalt* [The Don Juan figure]. Leipzig: Internationaler Psychoanalytischer Verlag.

———. 1924b. *Das Trauma der Geburt* [The trauma of birth]. Leipzig: Internationaler Psychoanalytischer Verlag.

———. 1925. *Der Doppelgänger* [The double]. Leipzig: Internationaler Psychoanalytischer Verlag.

———. 1926a. *Die analytische Situation* [The analytic situation]. Vol. 1 of *Technik der Psychoanalyse* [Technique of psychoanalysis]. Leipzig: Deuticke.

———. 1926b. *Das Inzest-Motiv in Dichtung und Sage: Grundzüge einer Psychologie des dichterischen Schaffens* [The incest theme in literature and legend: Fundamentals of a psychology of literary creativity]. 2d ed. Leipzig: Deuticke.

———. 1927. *Genetische Psychologie* [Genetic psychology]. Vol. 1 of *Grundzüge einer genetischen Psychologie auf Grund der Psychoanalyse der Ich-Struktur* [Fundamentals of a genetic psychology based on the psychoanalysis of the structure of the self]. Leipzig: Deuticke.

———. 1928. *Gestaltung und Ausdruck der Persönlichkeit* [Formation and expression of the personality]. Vol. 2 of *Grundzüge einer genetischen Psychologie auf Grund der Psychoanalyse der Ich-Struktur* [Fundamentals of a genetic psychology based on the psychoanalysis of the structure of the self]. Leipzig: Deuticke.

———. 1929a. *Die analytische Reaktion in ihren konstruktiven Elementen* [The analytic reaction in its constructive elements]. Vol. 2 of *Technik der Psychoanalyse* [Technique of psychoanalysis]. Leipzig: Deuticke.

———. 1929b. *The trauma of birth*. New York: Harcourt, Brace. Translation of Rank 1924b.

———. 1929c. *Wahrheit und Wirklichkeit: Entwurf einer Philosophie des Seelischen* [Truth and reality: Sketch of a spiritual philosophy]. Vol. 3 of *Grundzüge einer genetischen Psychologie auf Grund der Psychoanalyse der Ich-Struktur* [Fundamentals of a genetic psychology based on the psychoanalysis of the structure of the self]. Leipzig: Deuticke.

———. 1936a. *Truth and reality: A life history of the human will*. Translated by Jessie Taft. New York: Alfred A. Knopf. Translation of Rank 1929c.

———. 1936b. *Will therapy: An analysis of the therapeutic process in terms of relationship*. Translated by Jessie Taft. New York: Alfred A. Knopf. Translation of Rank 1929a.

———. 1971. *The double: A psychoanalytic study*. Translated and edited by Harry Tucker Jr. Chapel Hill: University of North Carolina Press. Translation of Rank 1914.

———. 1975. *The Don Juan legend*. Translated and edited by David G. Winter. Princeton: Princeton University Press. Translation of Rank 1922a.

Rank, Otto, and Sándor Ferenczi. 1924. *Entwicklungsziele der Psychoanalyse: Zur Wechselbeziehung von Theorie und Praxis* [Developmental goals of psychoanalysis: The interaction of theory and practice]. Vienna: Internationaler Psychoanalytischer Verlag.

———. 1925. *The development of psychoanalysis*, trans. Caroline Newton. New York: Nervous and Mental Disease Publishing Co. Translation of Rank and Ferenczi 1924.

Reichenbach, Hans. 1925. *Die Kausalstruktur der Welt und der Unterschied von Vergangenheit und Zukunft* [The causal structure of the world and the distinction between past and future]. Munich: Bayerische Akademie der Wissenschaften.

Reitzenstein, Ferdinand, Freiherr von. 1909. Der Kausalzusammenhang zwischen Geschlechtsverkehr und Empfängnis in Glaube und Brauch der Natur und Kulturvölker [The causal relationship between sexual relations and conception in the belief and practice of primitive and civilized peoples]. *Zeitschrift für Ethnologie* 41: 644–83.

———. 1923. *Das Weib bei den Naturvölkern* [Woman among primitive peoples]. Berlin: Neufeld and Henius.

Renan, Ernest. 1894. *Geschichte des Volkes Israel* [History of the people of Israel]. Trans. E. Schaelsky. Berlin: Cronbach. Originally published as *Histoire du peuple d'Israël* (Paris: Calmann Lévy, 1887–93).

Rohde, Erwin. 1925. *Psyche: Seelenkult und Unsterblichkeitsglaube der Griechen* [Psyche: The cult of the soul and the belief in immortality among the Greeks]. 9th and 10th ed. Tübingen: Mohr.

Sawicki, Franz. 1926. *Die Gottesbeweise* [The proofs of God]. Paderborn: Schöningh.

Scherke, Felix. 1923. *Über das Verhalten der Primitiven zum Tode* [Primitive man's attitude toward death]. Langensalza: Beyer.

Schiller, Johann Christoph Friedrich von. 1793. *Über Anmut und Würde* [On grace and dignity]. Leipzig: Goschen.

Schlegel, Friedrich von. 1927. *Von der Seele* [On the soul]. Edited by Günther Müller. Augsburg: Filser.

Schmidt, Wilhelm. 1912. *Der Ursprung der Gottesidee: Eine historisch-kritische und positive Studie* [The origin of the concept of God: A historical-critical and positive investigation]. Münster: Aschendorff.

Seifert, Friedrich. 1928. *Psychologie: Metaphysik der Seele* [Psychology: Metaphysics of the soul]. Munich: Oldenbourg.

Simrock, Karl Joseph. 1831. *Die Quellen des Shakespeares in Novellen, Märchen und Sagen* [Shakespeare's sources in novellas, folktales, and legends]. Berlin: Fincke.

Snorri Sturluson. 1976. *Ynglingasaga*. Oslo: Dreyers.

Sophocles. 1875. *Sophokles: Deutsch in den Versmaßen der Urschrift*. 8th ed. Translated by Johann Jakob Donner. Leipzig: Winter.

Spencer, Baldwin, and Francis J. Gillen. 1899. *The native tribes of Central Australia*. London: Macmillan.

———. 1927. *The Arunta*. London: Macmillan.

Stade, B. 1894. Das Kainszeichen [The sign of Cain]. *Zeitschrift für Altertumswissenschaft* 14: 250 ff.

Steinen, Karl von den. 1897. *Unter den Naturvölkern Zentralbrasiliens* [Among the primitive peoples of Central Brazil]. Berlin: Reimer.

Stekel, Wilhelm. 1911. *Die Sprache des Traumes* [The language of dreams]. Wiesbaden: Bergmann.

Strehlow, Carl. 1907. *Die Aranda- und Loritja-stämme in Zentralaustralien* [The Aranda and Loritja tribes of Central Australia]. Frankfurt am Main: Baer.

Varendonck, Julien. 1921. *The psychology of day-dreams.* London: Allen and Unwin.

Vischer, Wilhelm. 1929. *Jahwe der Gott Kains* [Yahweh, the god of Cain]. Munich.

Weismann, August. 1892. *Über Leben und Tod: Eine biologische Untersuchung* [On life and death: A biological investigation]. 2d ed. Jena: Fischer.

Westermann, Diedrich. 1900. *Die Kpelle: Ein Negerstamm in Liberia* [The Kpelle: A black tribe in Liberia]. Göttingen: Vandenhoeck and Ruprecht.

Whitehead, Alfred North. 1925. *Science and the modern world.* Cambridge: Cambridge University Press.

Williams, Norman P. 1927. *The ideas of the fall and of original sin.* London: Longmans, Green.

Winthuis, Josef. 1928. *Das Zweigeschlechterwesen bei den Zentralaustraliern und anderen Völkern: Lösungsversuch der ethnologischen Hauptprobleme auf Grund primitiven Denkens* [The hermaphrodite among the Central Australians and other peoples: An attempt to resolve the major ethnological problems based on the thinking of primitive man]. Leipzig: Hirschfeld.

Zinzow, Adolf. 1877. *Die Hamletsage an und mit verwandten Sagen erläutert* [The Hamlet saga explained by and with related sagas]. Halle: Buchhandlung des Waisenhauses.

索 引①

黑体数字表示该索引项为所在章节的主题。

Abel, 亚伯 103-4

Aborigines, Australian 澳大利亚原住民: and mana, ~和神力 96; and totemism, ~和图腾崇拜 14, 17, 65, 99-101

Abstinence, sexual 禁欲/性节制: and Gilgamesh, ~和吉尔伽美什 73-74; and *Hamlet*, ~和《哈姆雷特》46; and mana, ~和神力 107; and *Merchant of Venice*, ~和《威尼斯商人》42; and primitive culture, ~和原始文化 29; and sexual era, ~和性时代 32, and Tobit legend, ~和多比传说 14, 33; and Turandot legend, ~和图兰朵传说 36

Achilles, legend of, 阿喀琉斯传说 46, 82, 105

Adam, 亚当 73-74, 82, 103-104

Adler, Alfred, 阿尔弗雷德·阿德勒 6, 61, 109

Ahasuerus (wandering Jew), legend of, 亚哈随鲁传说（流浪的犹太人）54

Ahriman, 阿里曼 106. **另见** Devil

Alfur (tribe), 阿尔弗尔人（部落）33

Amon, cult of, 阿蒙崇拜 29

Amphytrion, legend of, 安菲特里翁传说 38

Ancestors, significance of, 祖先的重要性 14, 32, 65, 67, 101

Animal 动物: soul-, and sexual symbol, 灵魂~和性象征 **17-18**; and soul-belief, ~和灵魂信仰 16-17, 19, 29, 34-35, 37, 39

Animation of unborn, 将灵魂赋予未出

---

① 索引中的页码为外文原书页码，即本书边码。

生者 14-19, 32, 38-39

Animism 泛灵论: and dreams, ~ 和梦 64, 67-68, 78, 92; and fasting, ~ 和斋戒 76; and psychoanalysis, ~ 和精神分析 60; and spiritual collective, ~ 和精神集体 52, 57; and Talion, ~ 和以牙还牙 13; and totemism, ~ 和图腾崇拜 21; and will, ~ 和意志 98; and woman, ~ 和女性 11, 19

Animistic era, 泛灵论时代 52, 71, 108

Anxiety 焦虑: and causality, ~ 和因果性 27; and death, ~ 和死亡 11-12, 101-2, 108; and dreams, ~ 和梦 65, 78-81, 84-85, 90, 92-94; and morality, ~ 和道德 62; and projection, ~ 和投射 42-43; and sex, ~ 和性 **27-28**, 29, 33-34

Aristotle, 亚里士多德 1-2, 58-59, 98; on dreams, ~ 论梦 80-81, 85, 92

Artemidorus, on dreams, 阿特米多鲁斯论梦 80-81

Aun (king), legend of, 阿尼（国王）传说 45

Averages, statistical law of, 平均统计定律 **115-16**

Bachofen, Johann, on matriarchy, 约翰·巴霍芬论母系氏族/社会 16, 103

Bad girl, theme of, 坏女孩主题 32

Batak (tribe), 巴塔克人（部落）33

Bergmann, Hugo 雨果·伯格曼: on physics, ~ 论物理学 111-13, 115-17, 127; on time, ~ 论时间 123

"Beyond the Pleasure Principle"(Freud), "超越快乐原则"（弗洛伊德）122

Bird, and soul-belief, 鸟和灵魂信仰 12, 17, 19, 21, 37, 85. 另见 Animal; Stork; Swan

Bleuler, Eugen, 厄根·布洛伊勒 3

Breuer, Josef, 约瑟夫·布洛伊尔 86-89, 91, 94; Freud's denial of, 弗洛伊德对 ~ 的否认 **89-90**

Brünhilde, legend of, 布伦希尔德传说 33

Cain, 该隐 103

Cannibalism, 食人 29

Castration threat, 阉割威胁 27

Causality, 因果性 111-28; and anxiety, ~ 和焦虑 27; and death, ~ 和死亡 13, 79, 82, 95-96, 110; Einstein and, 爱因斯坦和 ~ 111-12; and finality, ~ 和合目的性 **116-18**; and Freud, ~ 和弗洛伊德 **90-92**, 111, 113, 116, 122, 127; individual, 个体 ~ **113-15**;

and psychology, ~和心理学 6, 8, 22, 84; and sexuality, ~和性 25 – 26; therapeutic (Freud), 治疗的~（弗洛伊德）**90 – 92**; and will, ~和意志 97 – 98, 108 – 10, **118 – 20**

Causal principle, 因果原则 **118 – 19**; scientific, 科学的~ **120 – 21**, 126

Causal Structure of the World and the Distinction between Past and Future, The (Reichenbach), 《世界的因果结构和过去与未来的区分》（赖欣巴哈）127

Chance, 偶然性 111, 117, 120, 126; Epicurus on, 伊壁鸠鲁论~ 115

Child 孩子/子女: era of, and son-principle, ~时代和儿子原则 55; and Freudian psychology, ~和弗洛伊德心理学 81 – 82; and soul-belief, ~和灵魂信仰 30, 37, 40 – 41, 45 – 46, 48, 65. 另见 Son

Christ, 基督 21 – 22, 29, 58, 104

Christianity 基督教: and immorality, ~和永生/不朽 21, 26, 39, 54, 59, 98, 106 – 7; and sexuality, ~和性 21, 25 – 26, 37 – 40, 43, 65; as son-religion, ~作为儿子宗教 **22 – 23**; and soul-belief, ~和灵魂信仰 16, 31 – 32, 52,

57, 104, 109

Consciousness 意识: era of, ~时代 124; as last seat of soul, ~作为灵魂的最后处所 125

Couvade, 产翁风俗 45

Cronos, legend of, 克洛诺斯传说 45

Daughter, 女儿 33, 35 – 36, 48

Death, 死/死亡 20 – 21, 73 – 74, 92 – 93, 98 – 99, 101; and anxiety, ~和焦虑 11 – 12, 101 – 2, 108; as arch-evil, ~作为首恶 **102 – 4**; and causality, ~和因果性 13, 79, 82, 95 – 96, 110; dream as denial of, 梦作为对~的否认 **78 – 79**; of father, 父亲之~ **87 – 88**, 89 – 91; natural, riddle of, ~的自然之谜 **12 – 13**; as penalty for immortality wish, ~作为对永生愿望的惩罚 **71 – 72**; and symbolism, ~和象征论 79, 85

Demons, 恶魔 12 – 13, 98, 101 – 2, 107

Denial, and soul-belief, 否认和灵魂信仰 **16 – 17**

Descartes, René, 勒内·笛卡儿 2, 60

Devil, 魔鬼 22, 41, 48, 56, 58 – 59, 61; sexual role of, ~的性角色 **39 – 40**; and Shylock, ~和夏洛克 **42 – 43**. 另见 Ahriman

Displacement, 移置 116, 88-90, 123

Don Juan 唐璜: legend of, ~ 传说 43, 55; as type, ~ 的形象 **37-39**

Double, 双重性/双重之躯 21-22, 46, 73-74, 103-4

"Dream Divination, On" (Aristotle),《论梦的预言》(亚里士多德) 85

Dreams, 梦 1, 12, 64-95, 125; and animism, ~ 和泛灵论 64, 67-68, 78, 92; in antiquity, 远古时代的 ~ **79-81**; anxiety, 焦虑 ~ 65, 78-79, 81, 84, 90, 92-94; Aristotle on, 亚里士多德论 ~ 80-81, 85, 92; Artemidorus on, 阿特米多鲁斯论 ~ 80-81; of conception, 受孕之 ~ 45, 72; as denial of death, ~ 作为对死亡的否认 **78-79**; divination of, ~ 的预言 79-81; and Egypt, ~ 和埃及 80; as evidence of soul, ~ 作为灵魂存在的证据 **64-65**; Freud and, 弗洛伊德和 ~ 78-79, 81-82, 84-91, 94; and Greek culture, ~ 和希腊文化 79-81; Hippocrates on, 希波克拉底论 ~ 80; Homer on, 荷马论 ~ 79-80; Lévy-Bruhl on, 列维-布留尔论 ~ 66; nature of, ~ 的本质 **92-93**; Plutarch on, 普鲁塔克论 ~ 80; and psychoanalysis, ~ 和精神分析 84-85, 94; and reality, ~ 和现实 65-69; and sexuality, ~ 和性 83, 93; and soul, ~ 和灵魂 81-84

Dualism, psychological, 心理学的二元性 **2-3**

Eating, 吃 29, 74-76

Eddington, Arthur, on physics, 亚瑟·艾丁顿论物理学 112, 117

Eden, Garden of, 伊甸园 18, 76

Egypt, 埃及 26, 29, 32; and dreams, ~ 和梦 80

Einstein, Albert, on causality and relativity, 阿尔伯特·爱因斯坦论因果性和相对性 111-12

Elohistic literature, 伊罗兴底本 104

Emanism, 神力崇拜 **96-97**. 另见 Mana

Emotion, Goethe on, 歌德论情感 58

Epic, structure of, 史诗的结构 78

Epicurus, on chance, 伊壁鸠鲁论偶然性 116

Eve, 夏娃 34, 74, 103

Evil, problem of, 罪恶的问题 **101-2**

Exogamy, 异族通婚 14, 51

Exposing of children, 婴儿暴露 45

Fable, and myth, 寓言和神话 **74-75**

Fall, pre-biblical, 《圣经》前的堕落 **75-76**

Family, 家庭 15, 19-20, 22-23; versus state, ~还是国家 **52-53**

"Faster, The" (Winnebago tale), "斋戒者"(温内巴戈故事) 70

Fasting, theme of, 斋戒主题 69-70, 75-76

Father, 父亲 14, 33, 49, 82, 104; death of, ~之死 **87-88**, 89-91

Father-god, 父神 **104-5**

Father-right, 父权 21, 36-37, 47, 53-54, 103

Faust 浮士德: legend of, 浮士德传说 39; as symbol of creativity, ~作为创造力的象征 **56-57**

Faust (Goethe), 《浮士德》(歌德) 55-56

Fertility, and generativity, 授孕和生殖 **28-29**

Fertilization, 授孕 15-16, 18, 21, 26

Filial era, 子女时代 46-47, 56-57

Finality, as flexible causality, 合目的性作为非固定的因果性 **116-18**

Flood, legend of, 大洪水传说 **77-78**

Folktale, structure of, 民间故事的结构 77-78

Food, theme of, 食物主题 29, 74-76

Fool, theme of, 装傻主题 35; and *Hamlet*, ~和《哈姆雷特》44-46

Fratricide (Cain and Abel), 杀兄弟的行为(该隐和亚伯) 103

Free association, 自由联想 4, 84-85, 90

Free Will and Its Limitations (Medicus), 《自由意志及其局限性》(梅迪卡斯) 117

Freud, Sigmund, 西格蒙德·弗洛伊德: "Beyond the Pleasure Principle," "超越快乐原则" 122; and Breuer, ~和布洛伊尔 **89-90**; and causality, ~和因果性 **90-92**, 111, 113, 116, 122, 127; and dreams, ~和梦 78-79, 81-82, 84-91, 94; *The Interpretation of Dreams*, 《梦的解析》82, 84, 86-91; and libido, ~和力比多/性欲 107; on neurosis, ~论神经症 27; and Oedipus complex, ~和俄狄浦斯情结 43-44, 87; and pleasure principle, ~和快乐原则 122; on sexual perversion, ~论性反常行为 29; and therapeutic causality, ~治疗中的因果原则 **90-92**; and therapeutic ideology, ~和治疗

>> 187

意识形态 121-23; on unconscious, ~论无意识 2-3, 61, 84-85, 113; and will, ~和意志 95, 109, 122; on wish fulfillment, ~论愿望实现 78-79, 81, 91; on "wronged third party," ~论"受损的第三者" 38

Garden of Eden, 伊甸园 18, 76

Ghosts 幽灵. 参见 Spirits

Gilgamesh, legend of 吉尔伽美什传说 71-77, 81-82

Gnosticism, 诺斯替教派 29-30

God 神/上帝: Father-god, 父神 **104-5**; notion of, ~的概念 23, 39, 58-59, 73, 98-100, 119-21; as symbol of immortality, ~作为不朽的象征 **21-22**

Goethe, Johann Wolfgang von 约翰·沃尔夫冈·冯·歌德: on emotion, ~论情感 **58**; *Faust*, 《浮士德》39

Gomperz, Heinrich, *The Problem of Free Will*, 海因里希·冈帕斯,《自由意志的问题》115

Greek culture, 希腊文化 26, 29, 37, 41; and dream divination, ~和梦的预言 79-81; homosexuality in, ~中的同性恋 31; pedophilia in, ~中的恋童癖 31; women in, ~中的女性 31

Hamlet (Shakespeare),《哈姆雷特》(莎士比亚) 43-49; and fool, theme of, ~和装傻主题 44-46; and neurosis, ~和神经症 43-44, 46, 55

Hamlet type, 哈姆雷特的形象 **44-46**

Heisenberg, Werner, on quantum theory, 沃纳·海森堡论量子理论 114

Helen, legend of, 海伦传说 36-37, 44, 48, 56-57

Henotheism, Israelites', 以色列人的一神教 103

Hercules, legend of, 赫拉克勒斯传说 37

Hero 英雄: myth of, 英雄神话 26, 37, 55, 58, 104-5; myth of birth of, 英雄诞生的神话 16, 45; of sexual era, 性时代的英雄 **72-73**; smart and stupid, 聪明而又愚蠢的~ **35-36**; of soul era, 灵魂时代的~ **69-70**

Hessen, Johannes, on causality, 约翰尼斯·黑森论因果性 112, 118

Hippocrates, on dreams, 希波克拉底论梦 80

Homer, 荷马 18, 37, 106; on dreams, ~论梦 79-80

Homosexuality, Greek, 希腊同性恋, 31

Hume, David, on causality, 大卫·休谟

论因果性 111

Hurons, 休伦人 66. 另见 Indians, North American

Ideology, effect of, 意识形态的影响 31-32

Iliad,《伊利亚特》78-80

Immortality, 永生/不朽 8, 12, 45-47, 52, 102, 107-8; and Christianity, ~ 和基督教 21, 26, 39, 54, 59, 98, 106-7; collective, 集体~ 13, 58, 61-63, 71, 78, 99; generative, 生殖~ 25-29, 53, 56, 101, 105; individual, 个体~ 22, 25-28, 30, 51, 56, 100-101

Incest, 乱伦/近亲通婚 15, 19, 26, 33, 47-48, 82-83; and soul, ~和灵魂 **15-16**

Indians, North American, 北美印第安人 46, 51, 56, 66, 68, 69-71, 96

Inhibitions, and will, 抑制和意志 120, 122

Interpretation of Dreams, The (Freud),《梦的解析》(弗洛伊德) 82, 84, 86-91

Iroquois, 易洛魁人 66, 96. 另见 Indians, North American

Isis, cult of, 伊希斯崇拜 26

Israelites, 以色列人 103. 另见 Judaism

Jehovah, 耶和华 102-3

Jesus Christ, 耶稣基督 21-22, 29, 58, 104

Jews 犹太人. 参见 Judaism

Judaism, 犹太教 22, 43, **53-54**, 102-3

Jung, Carl, 卡尔·荣格 6, 61, 85, 109, 115, 122

Jus primae noctis, 初夜仪式 14

Jus talionis, 以牙还牙 13, 62

Kant, Immanuel, on causality, 伊曼努尔·康德论因果性 112

Law of averages, statistical, 平均统计定律 **115-16**

Leibniz, Gottfried Wilhelm von, 戈特弗里德·威廉·冯·莱布尼茨 98, 117

Lévy-Bruhl, Lucien, 吕西安·列维-布留尔 119; on dreams, ~论梦 66

Libido, 力比多/性欲 65, 122

Lohengrin, legend of, 罗恩格林传说 35

Love, romantic, 浪漫的爱情 7, 35, 57, 62-63; soul-love, 灵魂之爱 **40-41**

Magic, 巫术/魔法 27, 97-98, 119; black, 黑~ 50, 56, 106

Mana, 神力 29, 96, 102, 117, 119; and abstinence, ~和禁欲 107; as personal will force, ~作为个人意志力 **97-99**

Marriage, 婚姻 14-15, 28, 41, 53; group, 群婚 19, 36, 83

Mary, cult of, 玛利亚崇拜 32

Matriarchy, 母系氏族/社会 16-17, 20, 22, 36, 46, 103. 另见 Mother-right

Medicus, Fritz, *Free Will and Its Limitations*, 弗里茨·梅迪卡斯, 《自由意志及其局限性》117

Merchant of Venice, The (Shakespeare), 《威尼斯商人》(莎士比亚) 42-43

Metempsychosis, 转世/轮回 16, 20, 55

Minotaur, myth of, 人身牛头怪神话 29

Monotheism, 一神教 100, 102-3

Morality, 道德 41, 52, 79, 118-20; and anxiety, ~和焦虑 62; and communal soul, ~和共同的灵魂 62-63

Mother, as soul-bearer, 母亲作为灵魂载体 **18-20**. 另见 Woman

Mother-right, 母权 18-19, 21, 37, 45, 48, 103. 另见 Matriarchy

Myth 神话: of birth of hero, 英雄诞生的 ~ 16, 45; and fable, ~和寓言 **74-75**; of hero 英雄~ 26, 37, 55, 58, 104-5

Narcissism, 自恋 12, 20, 31

Neurosis, 神经症 79, 121-22; Freud on, 弗洛伊德论~ 27; *Hamlet* and, 《哈姆雷特》和~ 43-44, 46, 55; as soul conflict, ~作为灵魂冲突 **63**

Newton, Issac, 伊萨克·牛顿 120

Nietzsche, Friedrich, 弗里德里希·尼采 107, 109, 121-23, 126; *Thus Spoke Zarathustra*, 《查拉图斯特如是说》122

Odysseus, legend of, 奥德修斯传说 77, 81-82

Oedipus, legend of, 俄狄浦斯传说 77, 82-84

Oedipus complex, Freud and, 弗洛伊德和俄狄浦斯情结 43-44, 87

Oedipus Rex (Sophocles), 《俄狄浦斯王》(索福克勒斯) 83-84

Osiris, legend of, 奥西里斯传说 26

Paradise, 天堂 18, 76

Paris, legend of, 帕里斯传说 36-37

Parsifal, legend of, 帕西法尔传说 35

Patriarchy, 父系社会 103. 另见 Father-right

Pedophilia, Greek, 希腊恋童癖 31

Peronnik, legend of, 佩罗尼克传说 35

索 引

Perversion, sexual, 性反常行为 30-31; Freud on, 弗洛伊德论~ 29

Phallic symbols, 男性生殖器的象征 17

Physics, 物理学 111, 114-17, 120, 127; crisis in, ~的危机 **112-13**

Planck, Max, and quantum theory, 马克斯·普朗克和量子理论 111

Plato, 柏拉图 2, 54, 58, 62

Pleasure principle, Freud on, 弗洛伊德论快乐原则 122

Plutarch, on dreams, 普鲁塔克论梦 80

Preanimistic era, and soul-belief, 前泛灵论时代和灵魂信仰 50, 67, 69, 77, 96, 102

Problem of Free Will, The (Gomperz), 《自由意志的问题》(冈帕斯) 115

Projection, 投射 5, 7, 9, 100, 106, 117-19; and anxiety, ~和焦虑 42-43; psychology as, 心理学作为~ **3-4**

Psyche, myth of, 普赛克神话 19, 35, 57, 106

Psychoanalysis, 精神分析 1-2, 4-8, 59-61, 105, 115-18, 122-23, 125-26; and animism, ~和泛灵论 60; and dreams, ~和梦 84-85, 94; posture of, ~的立场 23; therapeutic ideology of (Freud), ~的治疗意识形态(弗洛伊德) **121-23**

Psychological type, 心理学的类型 **7-9**

Psychologist type, 心理学家的类型 **5-6**

Psychology 心理学: applied, 应用~ 2; and causality, ~和因果性 6, 8, 22, 84; and characterology, ~和性格学 42; as conceptual doctrine, ~作为概念性原则 **61-62**; of ego, 自我~ **20-21**; era of, ~时代 57, 77, 92, **109-10**; Freudian, and child, 弗洛伊德~和儿童 81-82; as ideology of modern world, ~作为现代世界的意识形态 **126-27**; individualizing of, 个体化的~ **58-59**; as moral will interpretation, ~作为道德的意志解释 **105-6**; normal, 常态~ 7, 105, 115; objective, 客观~ 9; perceptual, 感知~ 2-3; as projection, ~作为投射 **3-4**; and relationships, ~和关系 2, 4, 41, 113, 128; and romanticism, ~和浪漫主义 **57-58**; and self-knowledge, ~和自我认知 2, 91, 109, 121, 123; sexual, and ego psychology, 性~和自我心理学 **20-21**; and soul-belief, ~和灵魂信仰 **46-47**; and will, ~和意志 59, 66, 95, 115, 118-20

Psychosis, 精神病 63

191

Quantum theory, 量子理论 111, 115-16; Heisenberg on, 海森堡论~ 114. 另见 Physics

Rank, Otto 奥托·兰克: *The Trauma of Birth*,《出生创伤》79, 113; *Truth and Reality*,《真理与现实》109-10, 123

Regression, 回归 90-91

Reichenbach, Hans, *The Causal Structure of the World and the Distinction between Past and Future*, 汉斯·赖欣巴哈,《世界的因果结构和过去与未来的区分》127

Relativity 相对性: in physics, 物理学中的~ 111; in psychology, 心理学中的~ 113

Religion, 宗教 21-22, 25-26, 53-54, 97, 99, 109; subordination of will in, 宗教中意志的从属地位 **100-101**. 另见 Father-god; God, notion of

Religious era, 宗教时代 8, 50, 100

Restrictions, sexual, 性限制 14-15, 24-25

Revenge, 复仇/报仇/报复 43-44; 51-52, 62

Roman culture, 罗马文化 21-22, 26, 53

Romanticism, 浪漫主义 62, 98; and psychology, ~和心理学 **57-58**

Sacrifice, 祭礼 29; human, 人祭 13

Satan 撒旦. 参见 Devil

Schelling, Friedrich Wilhelm, 弗里德里希·威廉·谢林 98, 117

Schopenhauer, Arthur, 亚瑟·叔本华 117, on will, ~论意志 109, 121

Self, era of, 自我时代 28, 32

Self-knowledge 自我认知: psychology and, 心理学和~ 2, 91, 109, 121, 123; resistance to, 对~的抗拒 **4-5**; as threat to soul-belief, ~作为对灵魂信仰的威胁 23

Semang (tribe), 赛芒人(部落) 17, 19

Semen, cult of, 精液崇拜 30

Serpent, and Garden of Eden, 蛇和伊甸园 17, 34. 另见 Animal; Snake

Sexual era, 性时代 24-44, 54-57, 68, 77, 103-4, 108

Sexuality, 性 14-16, 62-63, **108**, 121-22; and anxiety, ~和焦虑 **27-28**, 29, 33-34; and causality, ~和因果性 25-26; and Christianity, ~和基督教 21, 25-26, 37-40, 43, 65; and dreams, ~和梦 83, 93; infantile theories of, 初期的 ~ 理论 30; and primitive world-view, ~ 和原始的世界观 24, 27-28; and psychology, ~ 和心理学 20-21; restrictions on, 对 ~ 的限制 14-15, 24-25; role of, ~ 的角色 25-27; and soul, ~ 和灵魂 29-31; and woman, ~ 和女性 36-37. 另见 Abstinence, sexual

Shakespeare, William 威廉·莎士比亚: *Hamlet*, 《哈姆雷特》43-49; *The Merchant of Venice*, 《威尼斯商人》42-43; and psychological character art, ~ 和心理刻画艺术 42; and Shylock's pact with devil, ~ 与夏洛克和魔鬼的约定 42-43; *The Tempest*, 《暴风雨》48

Shylock, and pact with devil, 夏洛克和魔鬼的约定 42-43

Sin, notion of, 原罪观 21, 101, 110

Sioux, 苏族人 96. 另见 Indians, North American

Sleep, spiritual meaning of, 睡眠的精神意义 94

Snake, and soul-belief, 12, 17, 85 蛇和灵魂信仰. 另见 Animal; Serpent

Son 儿子: era of, 儿子时代 46-47, 56-77; as soul-bearer, 儿子作为灵魂载体 22, 31, 52, 54-55. 另见 Child

Son-principle, and era of child, 儿子原则和子女时代 55

Sophocles, *Oedipus Rex*, 索福克勒斯,《俄狄浦斯王》83-84

Soul 灵魂: collective, 集体 ~ 51-52; communal, and morality, 共同的 ~ 和道德 62-63; in dreams, 梦中的 ~ 81-84; era of, ~ 时代 33, 35, 45, 76, 103-4; and incest, ~ 和近亲通婚 15-16; and sexuality, ~ 和性 29-31; transmigration of, ~ 的轮回 16, 20, 55; and will, ~ 和意志 95-106, 107-8

Soul-animal 灵魂动物. 参见 Animal, soul-

Soul-bearer 灵魂载体/承载者: animal as, 动物作为 ~ 17; mother as, 母亲作为 ~ 18-20; son as, 儿子作为 ~ 22, 31, 52, 54-55

Soul-belief 灵魂信仰: and animal, ~ 和动物 16-17, 19, 29, 34-35, 39; and bird, ~ 和鸟 12, 17, 19, 21, 37, 85; and child, ~ 和孩子 30, 37, 40-41, 45-46, 48, 65; and Christianity, ~ 和基督教 16, 31-32, 52, 57, 104, 109; and denial, ~ 和否认 16-17; and

>> 193

preanimistic period, ～和前泛灵论时代 50, 67, 69, 77, 96, 102; and psychology, ～和心理学 **46–57**; and stork, ～和鹳鸟 19; and swan, ～和天鹅 37; and totemism, ～和图腾崇拜 **13–15**

Soul-god, and will-god, 灵魂之神和意志之神 **99–100**

Soul-love, 灵魂之爱 **40–41**

Spinoza, Baruch, 巴鲁赫·斯宾诺莎 117

Spirits, 灵/神灵/幽灵 12–14, 16, 19, 26, 44, 65–66

State, 国家 22–23; versus family, ～还是家庭 52–53

Stekel, Wilhelm, on "death symbolism," 威廉·斯特克论"死亡象征论" 79, 85

Stork, and soul-belief, 鹳鸟和灵魂信仰 19. 另见 Animal; Bird; Swan

Sustenance, natural and artistic, 自然及艺术食粮 **76**

Swan, and soul-belief, 天鹅和灵魂信仰 **37**. 另见 Animal; Bird; Stork

Symbol 象征: essence of, ～的本质 **84–85**; sexual, and soul-animal, 性～和灵魂动物 **17–18**. 另见 Death, and symbolism; God, as symbol of immortality; Phallic symbols; Womb, symbols of

Taboo 禁忌, 13, 27, 34, 52, 96; and sexual restrictions, ～和性限制 14–15, 24–25

Talion, 以牙还牙 13, 62

Tempest, The (Shakespeare),《暴风雨》(莎士比亚) 48

Therapy, 治疗 5, 7, 60, 88, 116–17, 126–27; Freud and, 弗洛伊德和～ **90–92, 121–23**

Thus Spoke Zarathustra (Nietzsche),《查拉图斯特如是说》(尼采) 122

Tobit 多比: legend of, ～传说 32–33; nights, ～之夜 14

Totemism 图腾崇拜, 16–21, 46, 51, 54; and Australian aborigines, ～与澳大利亚原住民 14, 17, 65, 99–101; as soul-belief, ～作为灵魂信仰 **13–15**

Trauma of Birth, The (Rank),《出生创伤》(兰克) 79, 113

"Traveler, The" (Winnebago tale), "旅行者"(温内巴戈故事) 69–70

Trinity, Christian, 基督教的三位一体

22, 55, 104

Truth, belief in, 对真理的信仰 **60-61**

Truth and Reality (Rank),《真理与现实》(兰克) 109-10, 123

Tsonnontou, 措恩诺托人 66. **另见** Indians, North American

Turandot, legend of, 图兰朵传说 35-36

Unconscious, 无意识 81, 90, 122; Freud on, 弗洛伊德论~ 2-3, 61, 84-85, 113

Vengeance, 复仇/报复/报仇 43-44, 51-52, 62

Whore, theme of, 坏女人主题 32

Will, 意志 111-28; and animism, ~和泛灵论 98; causal, fatalistic, and moralistic, 因果的、宿命的和说教的~ **119-20**; and causality, ~和因果性 97-98, 108-10; **118-20**; free, 自由~ 95, 109, 111-19, 124-26; and Freud, ~和弗洛伊德 95, 109, 122; and inhibitions, ~和抑制 120, 122; and psychology, ~和心理学 59, 66, 95, 115, 118-20; and soul, ~和灵魂 95-106, **107-8**; subordination of, in religion, 宗教中~的从属地位 **100-101**

Will-god, and soul-god, 意志之神和灵魂之神 **99-100**

Winnebagos, 温内巴戈人 69-71. **另见** Indians, North American

Wish fulfillment, 愿望实现 66, 94; Freud on, 弗洛伊德论~ 78-79, 81, 91

Witches, 女巫 32, 41-42, 57

Woman, 女性 40-41, 101; and animism, ~和泛灵论 17, 19; characterologic demeaning of, 性格学对~的贬低 **48-49**; in Greek culture, 希腊文化中的~ 31; in literature and legend, 文学和传说中的~ 33, 35, 46; role of, ~的角色 **32-33**; and sexual freedom, ~和性自由 36-37. **另见** Mother; Mother-right

Womb 子宫: symbols of, ~的象征 18; wish to return to, 回归~的愿望 18

Yahweh, 耶和华 102-3

Yahwistic literature, 耶和华底本 103

Zeus, myth of, 宙斯神话 16, 29

西方心理学大师经典译丛

001	自卑与超越	[奥] 阿尔弗雷德·阿德勒
002	我们时代的神经症人格	[美] 卡伦·霍妮
003	动机与人格（第三版）	[美] 亚伯拉罕·马斯洛
004	当事人中心治疗：实践、运用和理论	[美] 卡尔·罗杰斯 等
005	人的自我寻求	[美] 罗洛·梅
006	社会学习理论	[美] 阿尔伯特·班杜拉
007	精神病学的人际关系理论	[美] 哈里·沙利文
008	追求意义的意志	[奥] 维克多·弗兰克尔
009	心理物理学纲要	[德] 古斯塔夫·费希纳
010	教育心理学简编	[美] 爱德华·桑代克
011	寻找灵魂的现代人	[瑞士] 卡尔·荣格
012	理解人性	[奥] 阿尔弗雷德·阿德勒
013	动力心理学	[美] 罗伯特·伍德沃斯
014	性学三论与爱情心理学	[奥] 西格蒙德·弗洛伊德
015	人类的遗产："文明社会"的演化与未来	[美] 利昂·费斯汀格
016	挫折与攻击	[美] 约翰·多拉德 等
017	实现自我：神经症与人的成长	[美] 卡伦·霍妮
018	压力：评价与应对	[美] 理查德·拉扎勒斯 等
019	**心理学与灵魂**	**[奥] 奥托·兰克**
020	习得性无助	[美] 马丁·塞利格曼
021	思维风格	[美] 罗伯特·斯滕伯格

* * * *

了解图书详细信息，请登录中国人民大学出版社官方网站：

www.crup.com.cn